國家圖書館出版品預行編目資料

重塑現代詩：羅門詩的時空觀 / 尤純純著. -- 初
版. -- 臺北市 : 文史哲, 民 92
　　面；　公分. -- (現代文學研究叢刊 ;11)
參考書目
ISBN 957-549-503- 9 (平裝)

1. 羅門 – 作品評論

851.486　　　　　　　　　　　　　　92005634

現代文學研究叢刊　⑪

重塑現代詩：羅門詩的時空觀

著　　者：尤　　　純　　　純
出 版 者：文　史　哲　出　版　社
http://www.lapen.com.tw
登記證字號：行政院新聞局版臺業字五三三七號
發 行 人：彭　　　正　　　雄
發 行 所：文　史　哲　出　版　社
印 刷 者：文　史　哲　出　版　社
　　　臺北市羅斯福路一段七十二巷四號
　　　郵政劃撥帳號：一六一八〇一七五
　　　電話 886-2-23511028 · 傳真 886-2-23965656
實價新臺幣 三六〇元

中華民國九十二年 (2003) 六月初版

ISBN 957-549-503-9

重塑現代詩

羅門詩的時空觀

尤 純 純 著

現代文學研究叢刊

文史哲出版社印行

《重塑現代詩：羅門詩的時空觀》序

李 正 治

　　羅門，一個響徹台灣詩壇五十年的名字，他的詩正如他的筆名，為詩心與詩藝開啓了許多門徑，在這些門徑的深處，他的自我一直與存在的問題互相拔河，試圖躍昇到存在的更高境界，這使他很早便聞名國際，被豎立起新詩的碑碣，成為台灣新詩史上不能被遺忘的一個重量級詩人。

　　而在詩壇之中，恐怕鮮少有人像羅門一樣，除了持續的創作探索之外，又不斷的追蹤人類存在的時空問題及其表現方式，並進行深刻的理論反省，建構起一套新人耳目的詩論。其詩論的核心，是立基於人所不能逃脫的存在世界：第一自然的田園時空與第二自然的都市時空，開啓一個以美為主體的「第三自然」，以擁抱生命存在的深遠遼闊與超越自由。這個心靈世界中的「第三自然」，必須建基於心靈追索的根本驅動，經由五重詩力的作用方可一窺究竟。這五重詩力，就是深入的觀察力、深入的體認力、強大的感受力、卓越的轉化力以及卓越的昇華力。所有存在世界裡的生活現實材料，如戰爭、都市、死亡，甚或小至公寓門口的一雙鞋，經由心靈追索者的五重詩力的作用，立刻展現其不同凡響的新面目，由現實中人云亦云的事物，向詩人內在心靈中新創且富涵詩性的形象轉化，為詩人的藝術王國植下各種奇花異草。五重詩力之説對各種詩藝的表現採取開放吸納的態度，

故古今中外的詩藝表現在詩人筆下皆可取而用之。不相扞格，這是由於詩人內心中有一個無限超越的「第三自然」世界使然。

自人類內心中無限的「第三自然」凌虛而俯之，一切題材、一切方法都無法成為絕對的限定，單向性的強調某一題材某一方法的優位性，都可能斲喪詩的生機，遺忘詩國更全面更廣大的視野。然五重詩力的轉化，必須緊緊抓住羅門在「第三自然」之外所強調的「現代感」，亦即創作中最主要的三種生命動力：前衛性、創新性和驚異性，以使創作在不斷地面對未來中自我突破，呈現新局。總體來看，羅門的詩論確實是深刻地掌握了詩之大本，由人類存在的心靈追索，敏銳地感受並超越現實時空的限圍，經由五重詩力的轉化，建立起自我內在世界中一個深遠廣大且超脫自由的「第三自然」，同時，這個深刻的生命體的存在，也牢牢握住詩之創造性的奧秘，使詩在時空變異中永遠展現創造性的新貌。

接觸過羅門的朋友，都應該聽過羅門滔滔不絕地闡述他的詩觀。這種詩意的轟炸饒有趣味，常常沒有下課時間。臨場感比單純閱讀平面的文字更令人有豐富的感觸，一個七十餘歲的老詩人，他的一生有如活在自己的創作及詩論之中，其詩與詩論即是其人的全部，展現為其人特殊的生命風格與生活方式，不因各種現實的干擾而有所轉移，這在詩界乃至學界都是極少有的特例。詩與學術本非人類生存的首需之物，一般人很容易因為現實生計的牽引，使詩與學術脫離生命的軌道，而讓社會現實占有其生命，使人變得世俗猥瑣，甚至名利熏心，所以生命與其所愛好的詩與學術能合而為一，此種人百不一見，除非其生命確實在其所浸淫的詩與學

術中有所體悟，而融進其生命之中，否則詩與學術乃是身外之物，斷為兩橛乃是常見之事。詩人而不失其赤子之心，才可能使詩與詩人的生命合一，這在羅門身上，可謂給人極為強烈的印象，他有一顆年輕的心靈，使得他的耄耋之年永遠保有一種年輕的美麗，他的心靈中有一個絕美的「第三自然」王國，使得他永遠超越世俗，尋求一個更廣大更美好的世界，他以「第三自然」觀世、觀物，任何主義都無法阻斷他個人邁向精神更高層次的追尋，他的世界，是一個廣大的詩的世界，他即居住在其中，因此他可以侃侃而談詩與存在的一切問題，談而忘倦。詩，真是他存在的居所！

　　大概在民國七十六年，我有幸結識羅門。說來好笑，結識其實只是打一通電話而已，但他的侃侃而談卻令我極為驚異：怎麼有人對詩沈迷至此，整個心靈都被詩所占滿了！那時我在《文訊》雜誌發表了〈新詩未來開展的根源問題〉一文，這只是我的一時興起之作，持論雖有新見，但畢竟浸淫新詩仍淺，羅門不我遐棄，來電詳談文章裡的問題。在此之前，羅門詩論曾是我愛不釋手的讀物，我常在大學課堂以他的〈打開我創作世界的五扇門〉作為講義，申述詩的奧秘，每回閱讀，都令我有一些新的啟發。十幾年來，我與羅門只見過兩次面，但他的詩論仍是我現在上課時必備的講義，只是我一直有些遺憾，沒有餘暇好好研究羅門的詩論。雖然我對文學理論一直抱持濃厚的興趣，但新詩理論卻非我所長，古典詩一向是我的宿業，新詩總是淺嚐即止。純純來到南華文學所，無意中彌補了我的這個遺憾。研究羅門雖出自我的建議，而她卻選了一個令人動容的主題，切入了羅門詩的核心。

　　這本《重塑現代詩——羅門詩的時空觀》，純純花了將近兩年的時光兢兢業業的予以完成，其間包含了半年多的一修再修，真可謂苦心經營。玉琢成器，畢竟不同凡物，這本論文的聲價，或將在羅門詩的研究領域中一展雄姿。自羅門全集結集問世以來，全面性的研究其「第三自然螺旋型的時空架構」，尚未之見，純純這本著作正好填補這個學術空白。純純以為羅門詩的研究應以羅門時空觀為主軸，因為羅門能在詩壇成名最大的關鍵即是其獨特的時空觀，其詩論核心之「第三自然螺旋型的時空架構」，與其詩境開拓是互相呼應的，純純由羅門的時空觀切入，令我驚異的是她解析羅門詩的深刻度，而讀過這本著作的學者，除了讚歎其闡釋羅門時空觀的精微外，最吸引人目光的是其書第五章〈羅門詩的時空象徵意象〉，尤其是第四節〈時空象徵意象的運用〉，其中分列十一項分別解析時空象徵意象的各種運用方式，單就其標目而言，已令人耳目一新，更急於一睹為快，而純純的解析果不負人所望，確有一些獨到的見解。由於羅門善於吸納文學之外各種藝術的新技巧，故純純的探討方式也跨越了一般修辭學所羅列的修辭格，以較新的手法進行分類，諸如「時間突破常態之秩序」、「空間突破恆定的法則」、「時空的換位：時間的空間化與空間的時間化」等等，分類新穎，當然令人油然生一探究竟之心，也相應地展現了羅門詩的創新性。單閱讀這一節，就已令人覺得值回票價。

　　這本書是純純向學界的第一次出擊，僅是處女作就已那麼擲地有聲，第二本呢？真是令人拭目以待！

民國九十二年二月　寫於淡水

重 塑 現 代 詩

——羅門詩的時空觀

目　錄

引 言

　　本書的研究開始於初入南華大學文學所，李正治老師有關文學理論的課程與著作啓發筆者研究羅門詩的興趣。以往羅門詩的研究以單篇論文爲主，故多有重覆且偏重一隅，或有一、二篇較周詳的論文亦未見全面性分析羅門詩內在本質的形成及整體創作的精神。關於這一點，當筆者採訪羅門老師時，他亦深有同感，而羅門老師能成爲詩壇的大家，最大的關鍵是以獨特的時空觀點建立詩歌的理論，並與作品相互映發，成爲臺灣詩壇上重量級的詩人。由此亦可解釋羅門爲何迅速脫離浪漫抒情的《曙光》時期而進入《第九日底流》高度知性的層次。因爲在時間和空間逼迫下的生存思考架構能迅速提昇羅門詩的內容和意境，故筆者的研究著重「第三自然螺旋形時空觀」來源的追溯，並探索其在羅門詩作中產生的影響，嘗試以創新的方法和角度來討論羅門詩，大異於以往羅門詩的研究。

　　由於羅門老師「第三自然螺旋形時空觀」的詩論可融會古今中外各種學說、流派的精華，轉化各類時空藝術的內涵，故在研究的過程中筆者需涉獵跨越文學領域的書籍與專論，如：哲學、繪畫、音樂、電影、雕塑、建築，而故宮舉辦「達利畫展」的解說、北美館「異度、超度空間」現代美術展的資料及李安執導的電影「臥虎藏龍」的運鏡都帶給筆者不少的靈感。至於羅門老師和他一手布置的燈屋更是「第三自然螺旋形時空觀」的具體呈現，他的心靈是轉動著的時空軸心，與之對談，題材、觀點精深廣大，常有令人驚喜的想法。

　　本書研究的方法首先探討時間與空間的觀念，再以羅門時空觀的綜合「第三自然螺旋形的時空架構」爲中心，以此考察時空觀對羅門詩境開拓的重大的作用。最後以容格「集體無意識」之說及弗萊的「原型理論」追溯羅門詩意象的源頭，每一個原始的意象重覆在不同時空出現，具有一致的意義，而成爲象徵，稱爲「原型」，是我們與不同時代、空間的人類溝通的媒介。如古典詩中「楊柳」或「月亮」均是一種原型，帶有深厚的文化意涵。羅門的時空象徵體系除了個人自創的象徵意象之外，與民族傳統的象徵有疊合之處，本書以此觀點探索羅門詩的時空象徵意象。時空象徵意象的運用則是羅門詩最重要的環節，尤其以電影的鏡頭及各類藝術的概念來寫詩，本書探討的方式將跨越一般修辭學書籍的修辭方法，以較新的手法分類，以展現羅門吸收中西文學理論及各類藝術技巧的創新性，這些修辭的新法則突破以往羅門詩研究的方法。當筆者藉著教學之便將其應用於現代詩課堂的講授而驚喜的發現：循著這些法則引領、啓發學生的思考，可使學生迅速的進入羅門的精神世界，領會現代詩的意境而興味盎然，尤其以電影的運鏡手法印證羅門詩的時空意象設計，更能輕易的觸發學生的想像力，達到極佳的教學效果。

　　本書分爲六章。第一章爲研究問題的緣起、以往研究的探討和研究方法的思考。第二章說明時間、空間的觀念。第三章爲羅門詩時空觀的形成，羅門時空觀的綜合是「第三自然螺旋型的時空架構」。第四章探討時空觀對羅門詩境的開拓：永恒超脫的時空哲思開拓知性的詩意、迴返本然的時空探索開拓禪意的詩趣、雄渾的美感意識開拓宏大的詩境、扭曲時空的反諷思維開拓言外之意。第五章追蹤羅門詩的時空象徵意象並列舉時空象徵意象運用的法則。第六章爲結論。

　　確立羅門的「第三自然螺旋型的時空架構」及以時空象徵意象和運用而探索羅門詩的內涵是本書的重要觀點。時空觀的來源是吸取中西文學及各類藝術的時空概念，而創造獨特的時空架構。中國古典詩具有敏銳的時間意識和空間概念，羅門的詩吸收屈原、李白、杜甫、王維、柳宗元等具強烈時空感的創作精髓。這類的時空思考是傳統中國天人合一的宇宙觀。西方文學如浪漫主義、象徵主義、現代主義等文學思潮的時空觀點均被羅門所吸收運用，尤其二十世紀科技文明帶來現代主義思潮，時間與空間的新概念讓人類陷入混亂，處在窘迫的生存空間且分秒必爭的現代社會，羅門打開現實時空的出口，讓內在精神達到無限超越的境界。

　　另外，各類藝術時空觀對羅門詩的影響十分重要，音樂是時間的藝術，《第九日的底流》便是以奏鳴曲的形式所作的長詩。比起音樂，屬於空間藝術的視覺藝術，更為羅門所重視，他認為視覺比聽覺更直接而全面，畢卡索的立體主義以各種視點描繪對象，像是有好幾架攝影機對著同一對象拍攝。超現實主義以創作者的主觀意志而建立顛覆現實的想像時空。「異度、超度空間」的觀念使畫作溢出畫框之外，表現無限的言外之意。抽象主義則回歸生命的本質，以始初的基形表現萬物，故羅門以最基本的圓形、三角形、方形、螺旋形具體表現複雜的詩論。由此可知：羅門詩論的重要觀點「第三自然」和「現代感」皆根植於時空觀，「第一自然」與「第二自然」是人類不能逃避的現實時空，詩人由此超越而出，創造詩與藝術存在的心靈世界，即永恒的「第三自然」的空間。現代感即注意時間的存在與變化，調度觀物態度與審美意識。

　　探究羅門詩的時空象徵意象和運用，能挖掘其內在本質。

時間的象徵意象如：「鏡子」、「鐘錶」、「輪子」展現羅門如何自我探索，以及他的時間意識和死亡觀。空間的象徵意象如「眼睛」、「窗」、「鳥」與「翅膀」代表靈視的對外探索。「雲」是「第一自然」空間的代表，「玻璃大廈」和「方形」則代表「第二自然」的空間。永恒超脫的時空象徵意象如「螺旋形」、「燈屋」、「燈塔」、「天地線」、「海」、「山」、「河」是象徵詩人和藝術家創造的「第三自然」的時空。

羅門時空意象的運用取法於各類藝術的時空觀念，應用於詩句之中可分析爲各種法則。舉例如下：

一、時間突破常態之秩序

羅門熟練的借用電影的技巧運用在詩歌裡，時間或加快、變慢、中斷，時間的走向或順流、逆流，或壓縮、膨脹。以各種不同鏡頭的運用，帶起效果相異的時間感覺，而呈現詩人主觀的情志。

二、空間突破恒定的法則

視察空間的景物由不同的角度進行，仰觀、俯視、遠看、近觀、前瞻、後顧、左觀、右看，以不同視點的轉換呈現景物的全貌。

三、將二個以上時空不同的獨立意象用蒙太奇的手法連接起來，產生新的時空意象

蒙太奇是電影語言最特殊的元素，可以將不同的時空畫面呈現在螢光幕上，現實和心理時空交織，構成新的時空意象。羅門詩靈活的應用此種技巧如：

縮合：將許多有共同涵意與指向的時空意象並組，把零碎不連續的鏡頭縮結組成交感的意象。

疊映：將不同時空的世界疊在一起，把現在的時空實象和過去、未來的時空虛象堆疊起來，一真一幻在同一畫面上作回敘或預想，互相滲透映照的意象產生嶄新的豐富內涵。

轉位：在意象之間利用形、音、義的共通性作為媒介完成轉位，使不同的時空意象可以互相接引，產生新的視覺意象。

對比：將同一時間不同地點的意象組合在一起，產生強烈的對照。

並列：將不同時空的片斷意象以詩人主觀的情志組合在一起構成獨立而又緊密　　　的內在連繫。

聚合：使意象如同眾多河流奔向大海，一切的想像與比喻均圍繞著同一個主題。

發散：意象的結構與聚合相反，是向外幅射的形態而非向內凝聚，先確立主題再以各種意象條列陳述。

四、時空的溶合

　　將過去、現在、未來不同的時空，以一個詩人安排的新秩序重新組合，顯示特別的意義。如後現代主義的拼湊藝術，將古典與現代的裝飾融合產生新的時代特色。

五、時空的凍結

　　將大景象、大氣魄的事物在剎那間凝固凍結，這樣的時空凍結撼人心魄，賦予無窮的蘊意而引發濃厚的悲劇感。

六、時空由大而小凝聚於一點
使事物因純淨孤立而突出

　　羅門運用電影的特寫鏡頭突出詩中所要表演的主題，將物象由大而小凝聚於一點，作特意的描繪，使讀者感知詩中強烈的情緒。

七、時空由小而大，呈現無限悠遠寬廣的世界

　　如使用伸縮鏡頭一般，由窄小的景物重重開展，超越視線之所及而推至無垠的時空，呈現立體的空間感和悠遠的時間感。

　　藉由本書的撰寫使筆者能開拓視野，並重新審視文學和藝術在日常生活中所佔的地位，對文學和藝術在一剎那間所產生的美感經驗，以往總在忙碌和不經意間輕易抹滅，現在卻能覺察它在心底的擴散滋生而豐盈生命，更能以柔軟的心觀照現實的一切，覺得人世間處處都有美的存在，或許這才是筆者研究羅門詩最大的收穫吧！

第一章　緒　論

第一節　研究問題的緣起

　　時空問題，一直是哲學上難以解決的癥結，究竟時空如何產生？自古至今無人能確切的解釋。但人類的存在與生活，卻無法離開時空而獲得辨識，時空坐標對人類本身而言有著根本性的作用，並影響人類對萬物與宇宙的觀照。在人類所建構的世界中，人只有在時空的座標中才能存在，個體的生命只有參與見證時空的流動，生命才能顯現其意義。但人對時間和空間的體驗並不是從抽象的思考開始，而是由日常的起居作息及大自然的變化而來。原始時代，人對天地萬物的變動，起初在未知的狀況下或許會恐懼顫慄，但經過長時間的觀察累積，人們逐漸脫離混沌迷茫的狀態而進行秩序性的整理，對天地萬象的循環變動及人類生老病死的生命過程有進一步的思索，時空觀於是逐漸形成，並且在歷史的流衍中逐漸演變。

　　大抵來說，原始時代的時空觀以神道為其軸心，在時空座標中繫屬特定時空的人的存在，通過信仰而與神所代表的無限時空融合為一，於是處於變易多端之自然世界中的人的存在，隨時可參與神道信仰中生成變化所涵蘊的永恆奧義，人類學的「變形」說與先秦道家的「物化」說，正體現原始時代對時空之無限與永恒的參與。人在死亡之後，可以化為異物（如草木蟲魚之類），而參與神所設計之大自然的變動循環，時空對人的侷限與壓抑因此被化解於無形。人文時代的時空觀測以人的自覺為軸心，時空

解釋的出發點源自人的感知，故時空的侷限性特別成為人的感知中印象強烈之物，人與無限與永恒的連繫之路崩解成無法跨越的鴻溝，特定時空清楚地界劃了人的存在範域，人成為時空中微不足道的一小點，無法再涵蓋時空的無限，見證永恒的契機。由此而觀，生命的存在自始即充滿悲劇性，牛山沾衣之歎與漢代古詩的生命悲情，即是自覺到生命本質悲劇性的湧動。時間的消逝，在此不再是大自然循環變動中的恒久不易，而是代表著生命趨向結束，回歸虛空的歷程，沒有無限與永恒的設想，生老病死頓失依歸，成為人們所負載的悲情重擔。同樣的，空間的侷限也界定了人存在上的有限性，使以感知為實在的人類無法跨越，於是人或沉溺於感傷，或追求超脫化解的可能，唯有超越感知而具有高度智慧的哲人，如孔、孟、老、莊之類，或沿承原始信仰而轉變為新形式的宗教，如佛、道、耶、回之類，才能超越時空的有限性，將人類心靈推向時空的無限與永恒。人文時代以還，在宗教、科學、哲學與文學等各文化領域，時空一直都是重要的探索主題。

　　究極而言，人類對時空的見解是和生命意識連接在一起的。生命透過其內外感官系統以認識外界與理解自身，對外界的認識建立起人類物質生活的時空座標，對內界的理解則時常使人超越物理性的時空，尋求精神生活上更廣大的時空的可能性。詩歌是人在生活中情志的抒發，也是生命意識覺知內外界的美感呈現。生命在物質生活與精神生活中的企求、挫折、反思，都是人生持續推進的過程，時空一直在變化，狀況也此興彼起，在自我和外界衝突和溝通中，生命總是不斷地以時空組織事物並定位自身。由於人的生命意識與時空有根本性的連結，人的生活也無法脫離

外界時空與內界時空[1]而存在，詩歌便以時空為構成之要素，每一
首詩中均具有其內在或外在的時空座標在其中，越偏離外在時空
則越具有內在時空的特殊性與創造性。研究日內瓦學派的拉瓦爾
女士（Sarah N. Lawall ），在談到瓦爾（Wahl Jean）所著的《詩、
思想、知覺》(Po'esie，Pens'ee，Perception，1948)一書時曾說：

> 詩既是「精神的運動」（馬利旦 Jacques Maritain 語），又
> 是操縱人之感知的經驗。在此之前，普雷(Poulet 又譯普萊)
> 已有操縱時空範疇之說。詩，照瓦爾說，是「一種運動…
> 在於以神秘的方式操縱時空。詩人縮短和延長時間，創造
> 屬於自己的時間，這種時間不再是日常時間…詩人也創造
> 了完全屬於自己的空間，無限近，無限遠，這是藝術作品
> 生命的空間。而里爾克（Rilke）…能使我們對這種生命的
> 時間與空間感同身受。」[2]

依照存在哲學家瓦爾的觀點，詩以一種神秘的方式操縱時空，而
現象學文學批評的健將普雷已有詩操縱時空範疇之說，可見時空
在詩歌創作之中的重要性。在某些詩人當中，其所建立的「內在
時空」更形成特殊性，里爾克在這方面是經常被談論的一個詩人，
在臺灣，詩人羅門何嘗不是如此，羅門的詩論不僅常常談到時空，

---

1 外界時空又稱為「外在時空」，即「物理時空」。內界時空又稱為「內在
　時空」，即不以物理時空為準據，而由意識、心靈或精神所建立之「心理
　時空」或「無限時空」、「永恒時空」。

2 轉引自拉瓦爾（Sarah N.Lawall ）、馬樂伯（Robert R. Magliola）著，李
　正治譯：《意識批評家——日內瓦學派文學批評導論》臺北：金楓出版社，
　1968，頁 24。原文出於 Sarah N.Lawall ：《Critics of Consciousness—The
　existential structures of literature》，Cambridge Massachusetts：Harvard
　University Press，1968，page12。

羅門的詩更具體的展現出其操縱時空的特色。

　　羅門詩的研究應以時空之觀點爲其主軸，這是羅門在其詩論中即已隱約顯示的一個探討方向。詩人的情意在時空間縱橫馳騁，人與自然在時空的推移中交融而形象化的呈現，而詩人並強調以現代人生存的場景，向內深探生命的核心，呈現更爲寬廣的內心美感空間。透過羅門詩獨特的時空觀索，才能追蹤作者突破固有的存在現象，超越至無限遼闊的世界而提昇人類精神文明的雄心。人對應時空而生的觀念和經驗，成爲詩人在詩歌中自我生命省思的痕跡。這種自我生命省思是一種追索的過程，當這種過程停邊，時空也亂其腳步。如果沒有詩和藝術反覆探索所建立的完美心靈世界，人的世界裡就只有構成現實生活的種種材料和個體，而無法擁抱整個大自然共源的生命，超越現實時空而存在了。

　　研究羅門的創作歷程，可看出在其 1958 年處女詩集《曙光》裡充滿著浪漫的抒情色彩。1963 年《第九日的底流》出版，詩境轉入高度的知性層次，在時空逼迫下的生存思考架構是羅門詩的主要內容，並運用大量的象徵意象表現儡人的悲壯，及引發想像的思索。這種對時空思考的詩句，迅速的提昇羅門詩的意境和內容。《第九日的底流》可說是羅門的躍昇期，羅門令人驚異地在短短數年間完全擺脫一般詩人持續甚久的抒情浪漫期，轉變而成知性深刻的思想家形貌。《第九日的底流》中，羅門第一次大規模製作長詩，以死亡與心靈爲主題，且已經援用圓、塔及螺旋型三種時空造型象徵內心世界的層層探索。圓型是象徵和諧而圓融且周而復始的生命，塔型是人類往上突破和超越的精神，螺旋型則同時具有穩定的圓底和向上突破的塔型，以三角型頂點的尖端刺入世界無限的高度和深度，以圓型三百六十度展開寬廣的平

面。[3]以象徵的語言意象建構出一個羅門式的繽紛心靈世界,故他
是現代詩人中最擅長使用意象與譬喻的詩人,在此可得到印證。[4]
羅門在創作之中亦同時完成詩的理論架構,把抽象的時空思維以
立體的幾何造型和象徵意象表現出來。羅門本人也曾針對自《第
九日的底流》後,詩的主題和技巧與時空之間的關係詳加探討,
將自己詩風的轉變與詩境的開拓作更深一層的詮釋和說明,由此
可得知:羅門詩能在詩國中擁有一席之地的最大關鍵,是建立一
套獨特的時空觀,並以此發展其詩歌的理論。[5]由《曙光》時期轉
爲《第九日的底流》的問世,詩人的詩境由平面至立體,由單純
而繁複,由理想性而透視實際的人生,由不同時空場景的觸發,
而透視人類整體運轉的生命。語言則脫離《曙光》時期的浪漫和
狂熱,而轉爲沉潛與知性,因此可知時空觀當爲羅門詩的主軸。

　　詩的時空作用在於使作品蘊含鮮明的時代感、深遠的歷史感
和遼闊的宇宙觀。詩人宏觀的時空思考和寓意深遠的時空意象表
現,常使詩歌創作獲致歷史感、時代感和宇宙感的強化,這也是
第一流的詩人所應具備的能力。[6]時代感離不開橫的空間面,詩所
描繪的對象是大自然的地理環境和社會生活構成的人文環境,即

---

[3] 參見羅門:《羅門論文集》,臺北:文史哲出版社,1995,頁 126。

[4] 參見鄭明娳:〈比日月走得更遠——評介羅門詩選〉。收於蔡源煌等著:
　《門羅天下》,臺北:文史哲出版社,1991,頁 38。

[5] 羅門說:「自四十七年拋開浪漫詩風過後,是急速且不斷地向現代新的生
　存層面、新的心象活動世界,去探索與極力塑造那具有「現代感」「現代
　精神意識」以及至爲繁複、尖銳與具強大張力的意象語。我甚至相信強有
　力的意象語,是精神與思想的原子能,能在人類心靈中產生無比的震撼力。」
　參見羅門:〈總序——我的詩觀與創作歷程〉,《素描與抒情詩》,臺北:
　文史哲出版社,1995,頁 26。

[6] 參見李元洛:《詩美學》,臺北:東大圖書公司,1990,頁 387。

人類生存的空間。每一個時代都有其特殊的空間結構可說，現代人生存場域的探索更是詩歌具有時代感的重要因素。歷史感離不開縱的時間線，即過去、現在和未來，透視現在對於古代的詮釋，使得古代形成典範，並據以找到理想的生存秩序，而得以建構未來。而宇宙，則是一個無限寬廣的時空領域，自古以來，詩人不斷的探索，希望在遼闊的時空中超越肉體，使精神獲得永恆的存在。[7] 羅門「第三自然」創作觀認為：「第一自然」指客觀存在的自然界；「第二自然」則指人為的世界，最具代表性的是都市。[8]「第一自然」和「第二自然」是人類生存無法逃避的時空，故羅門詩對於現實生活的描繪便充滿鮮明的時代感，用現代的觀物視角去感知田園與都市劇烈改變的一切事物。至於宇宙觀：羅門的宇宙便是以詩和藝術為主體的「第三自然」，而與上帝華美的天

---

[7] 參見李元洛：詩美學，頁 388。

[8] 羅門認為：「第一自然」便是接近田園山水型的生存環境。當科學家發明了電力與蒸汽機等高科技的物質文明，開拓了物質型的生活環境，自然界太陽自窗外落下，電氣的太陽便自窗內昇起，加上人為的日漸複雜的現實社會，使我們便清楚地體認到另一存在的層面與樣相，它便是異於「第一自然」而屬於人為的「第二自然」的存在世界了。參見羅門：〈打開我創作世界的五扇門〉，收在《羅門論文集》，臺北：文史哲出版社，1995，頁 7。「第三自然」便是詩人與藝術家掙脫第一與第二自然的有限境界與種種障礙，而探索到的更為龐大與無限壯闊的自然，它使第一與第二自然獲得超越並轉化入純然與深遠的存在之境，此境有如一面無邊的明淨之鏡，能包容與透視一切生命與事物活動於種種美好的形態與秩序之中，此境可說是上帝的視境。當詩人與藝術家以卓越的心靈將一切生命與事物導入「第三自然」的佳境，獲得其無限延展與永恆的生機，這便等於是在執行著－項屬於上帝的工作了。參見羅門：〈「第三自然螺旋架構」的創作理念〉，收在《羅門論文集》，頁 115。

國爲鄰。[9]他說：「詩和藝術幫助我超越『第一自然』的田園和『第二自然』的都市兩大現實生存空間，進而去建立起我內心無限轉化與昇華的『第三自然』空間。」[10]在有限的時空中存在，詩人卻尋求永恆超越的世界，當生命觸及時空的壓迫，產生無法掙脫的困境之際，羅門的感悟便放在他用詩的語言所建構的新時空王國裡，這便是存在的「第三自然」，也是他思想軌道環繞的中心。此一自然界既不是完全的客觀現實，但卻是有客觀現實性綜合經驗和超越的意識，羅門即站在這一高點上，靜觀外在的目視世界，透過觀察、體認、感受、轉化到昇華至無限的心象世界。這個世界純粹爲美而存在，有無限的包容和自由，將古今中外納入其中，呈現永恆無垠的宇宙，這不是對客觀世界的複製，而是藝術家將客觀現實生活和主觀審美體驗融一爐而治之的統合。

所謂歷史是一個特定時間人、事、物的構成。在每一段歷史中都有其特殊的印記。羅門的詩出入古今時空，恢復特定時間人、事、物在古今情境中的鮮活存在特徵與感受，不僅古代情境的銳思能表現深遠的歷史感，對於現代情境之劇烈轉變的深沉感受，同樣使歷史感躍動不已，羅門強調詩人對於現代特殊性的感受，其第二個基本創作觀——現代感的觀點當可表現他的歷史感。他說：

> 外界實際上是一扇變動的窗，詩人和藝術家的內在也應形
> 成另一面具有調度性的窗。當外界的那扇窗不斷透露出新
> 的景物時，內在的那扇窗便也自然有了新的矚視與新的感
> 應，而去重新發現與調度一切事物存在活動的狀態與秩

9　參見羅門：〈打開我創作世界的五扇門〉，收在《羅門論文集》，頁 8。
10　參見羅門：〈打開我創作世界的五扇門〉，收在《羅門論文集》，頁 17。

序，並獲致那具有現代特殊性的感受，於是一種異於往昔的藝術形態便也因此被創造並且形成了──它不但形成，在這代人真實生存的傾向上更負起了藝術最高貴的創造的使命。[11]

外界的窗有古今情境的變化，特定人事物的構成在每一段歷史中形成特殊的印記，詩人內在的窗相應的以其銳感精思產生新的矚視與新的感應，重新發現與調度一切事物存在活動的狀態與秩序，並且通過情境的巨大變化，識取詩人所處時空所具有的現代特殊性的感受，我們正可以從其中看過歷史感躍動於古今情境中的痕跡，特別是在現代情境中的現形。艾略特（Thomas Steams Eliot，1888-1965）曾以靜觀可怖之現實作為完美的追求，這個任務的完成必須仰賴詩人對傳統的超越和了悟，但這並不是要人留戀過往，他的使命是不斷用過去比對現在，而得到對現在更深刻的認知，以新的秩序重新建設和調整曾經存在的過去。[12]艾略特的〈荒原〉穿梭於久遠的神話和現代的世界之間，深深嘲弄活在工業文明之下心靈荒蕪的現代人，這是詩人對西方歷史走到現代的一種深沉的感喟。真正的詩人應具有歷史感，所謂歷史感即是一種內心鮮活的感受古今情境中人、事、物的存在狀態及其變化的深沉銳感，它以人類在歷史時空中的活動為觀照的重心，興衰無常、古今劇變與人類集體內在的掙扎，最能傳達歷史給予人的震

---

[11]參見羅門：〈追索的心靈〉，收在《長期受審判的人》，臺北：環宇出版社，1974 二版，頁 160。

[12]艾略特認為：完美只能用不完美的辭類表現。但因不完美或否定轉而表現出完美或肯定的過程是一種艱辛的考驗。參見葉維廉：〈艾略特的批評〉，《從現象到表現——葉維廉早期文集》，臺北：東大圖書公司，1994，頁 62。

撼。在歷史的震撼之中，人也最易興起對超脫時間之永恆感的嚮往，將心靈從變化萬千的歷史場景擴向虛無遼闊的宇宙時空，在廣宇長宙及其象徵性的天地自然中，讓變動不已的心靈得到永恒的止息，重新讓心靈獲得源源不絕的生機。從宇宙高度曠觀人類萬物的存在，就有如太空人在月球返觀地球，人類文明之是非成敗已非注視的重心，人是要能以廣大含宏的心量看待偶然在世的存在物，才是宇宙觀照的重心所在。無止境的宇宙時空，使一切事物的封限、界限都在撤除，一切事物都在宇宙大舞臺展現其無限的生機與絕美的姿采。對羅門而言，他既具有的博大的橫向時代感與深宏的縱向歷史感，又能躍而具有縱橫廣遠的宇宙感，所以他當是第一流的詩人。[13]而掌握其完成於 1974 年的重要詩論：「第三自然螺旋型架構」[14]的時空觀，當可全面性建立羅門詩的思想結構和重要主題。

---

[13]時代感、歷史感、宇宙感三者，以及它們在新穎獨特的藝術形象中的水乳交融，是詩史上第一流的詩人才可能具有的標記，也是中國古典詩歌史與新詩史上那些最優秀的作品的突出標誌。參見李元洛：《詩美學》，頁 388。

[14]詩人與藝術家開拓人類內在的視聽世界，並以三百六十度不斷旋轉超越而上的動勢，打破古今中外的時空框架，獲得無限演化的自由存在空間，使過去、現在與未來於生生不息的向前邁進中，連結成前進的永恒存在形態。參見羅門：〈「第三自然螺旋架構」的創作理念〉《羅門論文集》，頁 142。羅門曾於 1974 在第三十七期《創世紀》發表論文〈詩人創造人類存在的第三自然〉談「第三自然螺旋型架構」，〈「第三自然螺旋架構」的創作理念〉據此文擴大而成。

第二節　以往研究的檢討

研究羅門詩，學者在探討時涉及其時間與空間的觀點者爲數不少，大致可分爲時空思維及時空的語言意象二部分的研究。筆者將對這些文章分別進行簡述，並提出筆者個人的看法。在時空思維方面：林燿德的〈三百六十度層疊空間——論羅門的意識造形〉[15]一文，論及羅門時空觀的組成和架構，已提出圓、塔及螺旋型等幾何空間是時空的投射，而且因羅門的此種時空詩理論的創見，不但使他成爲重量級詩人，也使臺灣現代詩走出過去的浪漫主義，進入全新的境界。林氏另有〈火焚乾坤獵——讀羅門的時空奏鳴曲〉及〈世界的心靈彰顯——羅門的時空與死亡主題初探〉[16]二文，討論時空和死亡之間的糾結，指出時空與死亡是羅門詩的核心，從中產生自我存在等主題。文中並以〈時空奏鳴曲〉這一首超越三十多年來對時空思考的詩作爲例證，以揭示詩人以其靈視洞悉人類面對時空的宿命。俞兆平的〈歷史的悖論，悲劇的超升——麥堅利堡論〉、王一桃〈論羅門的城市詩〉及陳寧貴〈羅門如何觀海〉[17]，探討羅門面對不同的時空中物，激發各種生存場

---

[15] 林燿德：〈三百六十度層疊空間——論羅門的意識造形〉，收於《羅門論》，臺北：師大書苑有限公司，1991。

[16] 〈火焚乾坤獵——讀羅門的時空奏鳴曲〉及〈世界的心靈彰顯——羅門的時空與死亡主題初探〉收於蔡源煌等著：《門羅天下》，臺北：文史哲出版社，1991，頁 41-53。

[17] 〈歷史的悖論，悲劇的超升——麥堅利堡論〉收於蔡源煌等著：《門羅天下》，頁 507-518。〈論羅門的城市詩〉收於周偉民、周玲玲主編：《羅門蓉子文學世界學術研討會論文集》，臺北：文史哲出版社，1994，頁 59-86。〈羅門如何觀海〉收於蔡源煌等著：《門羅天下》，頁 181-189。

景的深入探索。但因取材與研究角度的相異，都有值得再做往後
開展或往前追溯的研究。

　　林燿德的〈三百六十度層疊空間——論羅門的意識造形〉認
爲羅門詩的思想架構是「第三自然」的螺旋型思考。塔由圓中拔
昇，三百六十度旋轉，順著圓的軸心環繞，終於交會爲塔頂，而
奔向「第三自然」詩與藝術的無限時空。將抽象的思維落實在圓、
塔等幾何空間，及連接過去和未來的螺旋狀時間軌道，林燿德認
爲這種時空造型的發軔——「曲線」，在羅門的第一部詩集《曙
光》的前言中已出現：

> 如今我隨著歲月也走入人間社會的圍城中來了——這利益
> 的圓武場，在加速的二十世紀顯得倍加緊張，人們都大多
> 學演空洞的假戲？所有視覺、聽覺、感覺放在急轉的利益
> 大圓球上都自然地成了「曲線」，然而這裡也就是起伏不
> 凡，奇幻多變的生之海了，我的心靈在它上面忠實地航行，
> 贊美它也暗地裡滴著血……。[18]

筆者在綜觀羅門詩、《羅門論文集》、《論視覺藝術》等羅門之
作品，及採訪羅門本人之後，認爲羅門的「曲線」造型一詞是透
過對自然景觀的模擬，進而轉入心象，成爲不斷變化不斷提昇之
時空的象徵。深入探究又可發現：羅門整體的時空概念與架構，
是受到現代藝術哲學的影響，由此可補強林燿德的羅門意識造型
概念，更能了解羅門詩的理論基礎。畢卡索的立體派繪畫，在畫
面中結合各種視點，由許多想像的角度去探索對象，使畫面上的
元素如詩一般直接呈現自覺的組合，而不講究真實的描繪，這種
觀念提供羅門螺旋型時空思維的靈感。抽象美術模擬自然界的萬

---

18 引自羅門：《曙光》，臺北：藍星詩社，1958。

象，以抽象造型來表達生命原初的面貌，如：彎曲狀、圓形、方形、三角形，使羅門獨創的完美時空境界——「前進中的永恒」有了幾何形體。以代表東方融合精神的圓形，包容象徵西方突破力量的三角形，而向上盤旋升起，往上刺入無垠的時空，並再度開展新的圓形，不斷重覆這種突破後，再展新圓，再突破的收放動作，說明詩人和藝術家必須放開心胸，穿越時空，將古今中外的生存境遇和學說、流派融合，並往上超越，這可說是羅門詩理論最重要的觀點。而溝通東方與西方現代藝術的符號邏輯能融合中西，突破時空，進窺永恒的存在，如米羅（Joan Miro，1893-1983）的畫作背景常處理成如中國畫裡的虛擬時空，物體飄浮其上，真實的時空在此失去意義；「五月」與「東方」畫會的「異度空間」概念，使繪畫突破空間的限制，溢至畫框外的空間，「超度空間」的概念更進一步表達無限的言外之意，以此對中國山水畫進行第一次的革命。繪畫是空間的藝術，音樂是時間的藝術，音樂性的組織在現代藝術始終佔了重要的位置，康丁斯基（Wassily Kandinsky，1866-1944）認為藝術若有靈魂，必能展現內在的聲音。故他的畫作充滿音樂的律動美。羅門運用這些現代藝術的哲學，使其詩的時空理論架構更形完整，並將線形的語言形式打碎，呈現內在的音樂性和節奏感。

〈世界的心靈彰顯——羅門的時空與死亡主題初探〉的導論認為：面對時空感受死亡的壓迫而思索自我存在的詩觀，最能代表羅門詩的核心。時間消逝，人無法面對自我的實存，生命便等於不存在，只有詩和藝術才能幫助自我的追尋，使外在空間變小，內在實質空間加大。在此基礎上，筆者認為應可進一步再深入探討羅門消除自我與時空的相對性，即如蘇軾在〈赤壁賦〉表現的達觀思想：「蓋將自其變者而觀之，則天地曾不能以一瞬；自其

不變者而觀之，則物與我皆無盡也。」自超越的高度統攝變與不變的視點，而進入宇宙和全人類的本體中，得到永恆。針對死亡和自我存在的問題，羅門根本無所逃避，只能透過純粹的主觀直覺與感悟，將超越的情志放在以詩語言建造的「第三自然」裡，這種情志超拔於時空之外，成為人類具有普遍性而典型的對自我價值的認知。林燿德在 1987 年的〈世界的心靈彰顯——羅門的時空與死亡主題初探〉中認為：圓與塔是羅門「時空」與「死亡」主題中最重要的兩個造型；在 1988 年〈三百六十度層疊空間—論羅門的意識造形〉則認為圓與塔是「自然」與「死亡」主題的兩個重要造型，這兩篇文章有重覆之處，但對於圓與塔的精微之義及為何同時是「時空」、「自然」和「死亡」主題的重要造型，並未作出清晰的解釋。天體與蛋均為圓形，故「圓」在中國象徵生命的原始雛型與渾融圓滿的境界；「塔」可聯想聖經中記載的「巴貝塔」，象徵人類與天搏鬥的不屈精神。時空與生命的奧秘來自於自然，羅門詩這種經過東西方的對話，而回歸於東方自然觀的思考邏輯可由此看出端倪。

　　俞兆平的〈歷史的悖論，悲劇的超升——麥堅利堡論〉一文，認為整部人類的歷史需靠時間和空間纏繞運行，從而呈現出意義與價值。時間因空間的限定而在一剎那間顯示意義，空間則隨著時間的流動而呈現價值。以具體的歷史事件探討人類的困境，俞氏認為創作此詩的詩人羅門的確具備掌握了時空運作的非凡魄力。但是俞氏並未詳加討論羅門螺旋型的立體時空觀對〈麥堅利堡〉一詩的歷史視點有何作用？不同的文化和時代將對戰爭賦予不同的解讀和意義，而站在螺旋型的頂端，則有無窮的視野可藉以批判古今中外的戰爭對人類世界的影響。補足這一部分，如此全文的結構將更嚴密而有系統。

　　王一桃〈論羅門的城市詩〉認為羅門的都市詩中，人性在時間的迅急速度，及高樓大廈包圍的水泥叢林中扭曲變形，田園及都市兩造的對峙，時空一直是他的思考中心點。在都市文明和人類心靈時空的搏鬥中，羅門深入探索其悲劇性，並由其中求取美的質素。透過都市來追蹤人的生命，這是深具現代感的一種處理方式，羅門在此以靈視（Poetic Vision，即心靈的洞見）分析由一元自然世界的直悟境界進入現代二元化的緊張複雜的生存時空，並思索人類應如何解決心靈的貧窮。筆者以為現代人生存的時空場景與古人迥然不同，由此激發而得到的感悟亦比古詩人兼具多向性和立體感，如能以羅門受益匪淺的其他藝術的性能擴充都市詩的架構，將更能契入羅門如何使人為的「第二自然」轉化、昇華至內心無限的「第三自然」，如：電影中時空重疊的蒙太奇手法，超現實畫派審視人類複雜心理活動的投射，雕塑、建築大膽運用反傳統的質材，雷射光在天空展現藝術的書寫等等。如羅門所言：「飛機可在看得見或看不見的狀況下，由各個方向準確的飛至機場，如同詩人和藝術家以心靈和各種媒體，將世界由各種方向導入存在的真位和核心。」[19]心靈和各種媒體由各種方向，將世界中的都市文明導入存在的真位和核心，即導入「第三自然」的無限時空。

　　陳寧貴〈羅門如何觀海〉中認為：〈觀海〉一詩是羅門自我的解析，海能吞吐太陽，象徵時間跟隨大海而推移，海有如人類精神世界般的浩大和雄渾，更有無限的空寂和恒定，由此可見羅

---

19 參見羅門：〈將同詩走完我的一生〉，《羅門蓉子文學世界學術研討會論文集》，頁 14。

門的藝術觀。[20]但陳氏並未深入剖析羅門詩深植於民族集體無意識[21](Collective unconscious)，而回歸東方自然觀的本質。在與羅門的訪談中，可知羅門的創作由「看山是山，看水是水」的第一層現實，經過觀照、交感、轉化獲得更富足的內涵，而存在於更龐大而永恒的生命結構和形態中，故再由「看山不是山，看水不是水」而至「看山是山，看水是水」的境界，這才完成創作，和永恒的生命互通信息，使作品更爲不朽。「中國現代詩人在心靈深處懷念東方精神的安定感，想尋回大自然永恒和穩定的潛力，在都市和自然間，再度皈依自然。」[22]在羅門詩的各種主題中常用自然意象，可見東方自然觀的追求，這種大自然的和諧圓融之境是永恒穩定的象徵。理性的思維和功利的追求在大自然中消失，萬物恢復本象，返歸到始初的時空。是以本論文的討論重點以時空爲主軸，立體多元化的思考模式進入自我和死亡的核心主題，再論及各種場景對現代人的影響，如：都市、戰爭等外緣主題，最後回歸於東方的自然觀。這便是以螺旋型多元立體結構的思維進

20　參見蔡源煌等著：《門羅天下》，頁 181-189。

21　集體無意識：容格(Carl Gustor Jung，1875-1961)認爲人類擁有的許多事物不是他習得的，而是由祖先那兒繼承來的，他生下來時不是一張白紙，只是無意識罷了！不過他與生帶來了組織好的系統，並隨時可以人類的特殊方式運作，這有賴於幾百萬年的人類發展。無意識（unconscious）在意識覺察外的心靈部分，內容由被壓抑的記憶與素材，如思想、意象及情緒等從未被覺察到的內容所組成。分個人無意識（personal unconscious）與集體無意識（collective unconscious ），在《容格全集第四卷》中，人類的心靈最深層，容格稱爲集體無意識，並認爲它的內容綜合了普遍存在的模式與力量，分別稱爲原型與本能。參見 Murray Stein 著，朱侃如譯：《容格心靈地圖》：臺北，立緒文化，1999，頁 110-134。

22　參見羅門：〈現代詩的精神特質〉，《羅門論文集》，頁 87-88。

入詩與藝術的第三自然,而獲得無限寬廣的永恒之境。

在時空語言意象方面:蕭蕭〈論羅門的意象世界〉[23]言及從《第九日的底流》、《都市之死》至《死亡之塔》,羅門詩的意象與前期不同,突破平面的形色之美,進而樹立起立體的、身歷聲的、非靜態的綜合意象,追溯原因,蕭蕭認為:前期的詩中意象雖有陽剛之氣,但尚陰柔之美,近期則洗盡鉛華,換下舞衣,還其本來面目,且有更多憑空而來的形象與形象的結合,衍生更繁複的奧義。然筆者以為羅門詩的意象繽紛,是因以時空為主軸的螺旋型思考模式在《死亡之塔》這部詩集以後更臻成熟,故使用各種比喻、象徵,綜合各種主義,甚至使用雕塑、繪畫、音樂、電影的觀念來構成詩的形式,意象滿載時空的象徵喻涵。「第一自然」的大海、高山、天空、峽谷等意象象徵永恒的生命和始初的本真。「第二自然」的方形、窗、眼睛、翅膀等意象,則試圖為都市人的精神受時空之壓迫的困境發出警訊。代表「第三自然」的曠野則是藉由純粹生命本體的追求,以凝神之觀照通過時空之表象,而進入生命原始的曠野,故意象層疊繁複。

但是意象的繁多會引起失控的缺點,陳山瑞〈意象層次剖析法並試辨羅門的超現實詩之謎〉中就認為:羅門詩有些鋪陳的意象無法和整體結合統一。例如:〈死亡之塔〉一詩第一章第二段內,至少有六組意象有這個問題。[24]但綜觀其詩,筆者發現其詩意象雖紛雜,而主題凝聚,秩序井然,予人一種架構性的層次感,而且看不到貧弱的修辭,字字直指核心,運用的象徵和喻辭均脫離陳腔爛調,且超越字面本身的含意,在意義的容載度上面,可

23　〈論羅門的意象世界〉收入蔡源煌等著:《門羅天下》,頁 69-98。

24　參見蔡源煌等著:《門羅天下》,頁 99-115。

謂豐富而深刻。至於他的造句方法也並非文字表面的結合，而是
意象和意象間內部意義的結合。羅門詩許多內部粘合的關鍵都不
在於客觀情節，而是將一些與外表無關的意象作蒙太奇式的並列
處理，意象和意象之間的類比有待讀者自行參與完成。在打破時
空固有之秩序時，錯雜的時空結構和跳躍的意象會從原來事物的
表象透析出心靈深處的美感，羅門詩語言的時空意象可謂巧妙的
與詩人思想的軌跡融為一體，並呈現創新、驚異、前衛的時代感
和立體感。

　　姜濤的〈宣諭與靈視——羅門詩歌藝術片論〉[25]一文，認為羅
門外向性宣諭的語言淹沒了內向性思考的獨白，將失去內在視象
的思考，筆者則以爲這反而是羅門詩的風格與特色。羅門放眼於
宇宙，以高度的鳥瞰位置去探尋人類生存和外界的互動關係，叩
尋真理並洞見未來，這種宣諭式外向性視角的語言由《曙光》時
期轉變爲知性的《第九日的底流》時期而確立，這種特點可從詩
歌人稱的改變印證而出，《曙光》時期「我」的人稱隨處可見，
詩行有大量的獨白，在《第九日的底流》中，「你」的人稱變得
強勁，由獨白轉而向他人對話。但這種外向性宣諭的特色能往外
開拓無限的時空，並統攝詩歌明確的主題，達到語意奔騰而出，
震撼人心的目的，也展現羅門詩思時空跨度的超越性和取材的深
廣度，而使他足以稱爲宏觀的詩人。在本文中「時空觀對羅門詩
境的開拓」這一章裡，針對此問題將有詳細的討論。

第三節　研究的方法的思考

---

[25] 姜濤：〈宣諭與靈視——羅門詩歌藝術片論〉，收入謝冕等著：《從詩
中走過來——論羅門蓉子》，臺北：文史哲出版社，1997，頁 149-158。

　　羅門創作既有深厚的中國古典文學的蘊涵為助，並受西方文學、哲學和藝術的啟發。故研究其詩之時空觀的不同側面，首先必須涉及其時空觀之所以形成。由於羅門自有其時空觀的特殊表述方式，見於其詩論之中，既與我們習常所知的物理時空不同，又與其他詩人並無特殊的時空觀點不同，因此追蹤其迥異於人的時空觀的形成，是一重要的工作。就其所吸收、領悟而重新融鑄的中外資源來說，正提供顯而易見的線索。羅門的詩論及其詩作，不時的提及或暗示這些中外古今的資源，由此明顯可見他所接受的影響，而最重要的是他對這些資源的領悟和融為己用。中西文學時空觀的資源，顯然對其時空觀的形成有重要的涵育和刺激作用，而各類藝術的時空觀，更給予羅門莫大的啟示，其時空觀之層次性和變化性，即融鑄這些古今中外的資源而來。層次性可見其高低淺深，變化性可見其各種樣態，但均融一爐而治，欲盡攬時空的一切可能。

　　《羅門創作大系》卷一至卷六以詩人對同一主題的知覺而區分的詩集，分為卷一《戰爭詩》、卷二《都市詩》、卷三《自然詩》、卷四《自我‧時空‧死亡詩》、卷五《素描與抒情詩》、卷六《題外詩》，卷七是關於〈麥堅利堡〉這首詩的迴響；卷八是羅門思想的論文集；卷九是藝術評論集；卷十是燈屋的造型空間設計及羅門和蓉子夫婦的藝文生活影像，由羅門自行修改、整編詩作，呈現四十年來羅門詩和藝術創作世界的完整藍圖。本文以《羅門創作大系》為參考之定本，並參酌其他之著作。以此考察羅門依據時空觀而形成創作的主題及意念，用空間觀念統合經驗，用時間觀念串聯現實，面對現代人生存的時空場域，深入探索「都市」、「戰爭」、「自我」及「死亡」的四大人性困境，羅門以這四大困境作為溝通現實和心靈的媒介，企圖揭露現代社

會充滿疏離、矛盾、動亂，喚醒人類的自覺，最後通過時空之層層提昇擴大，回歸東方的自然觀，以靜觀萬物之美。並使人的精神進入天人合一的美好境界。另一方面，詩中時間的往來反復和空間的縱橫交錯，開拓了詩的視境和可供思索的深度，形成氣勢磅礴，想像豐沛的詩語言。考察時空觀對羅門詩境的開拓，當可得知其詩境之特殊展現和時空觀的密切聯繫。自其圓型螺旋轉進的立體時空觀而言，其中包蘊著永恒超越的時空哲思、迴返本然的時空探索、雄渾的時空美感意識以及扭曲時空的反諷思維，超越的哲思開拓出知性的詩意，本然的探索開拓出禪意的詩趣，雄渾的時空美感開拓出宏大的詩境，扭曲時空的反諷思維開拓出言外之意。這些詩境的開拓，既以現代人的生存場景爲起點，以東方的自然觀爲終極，其時空層次的轉進，時空變化之多端，當然是羅門詩波瀾壯闊令人動容的景觀。

　　在羅門詩境的構築之中，重複使用了許多具有時空蘊含的象徵意象，這些時空象徵意象在詩人的時空探索中具有重要的意義，但極易被人忽略過去，探討這些意象的意涵，本文將運用弗萊（N. Frye，1912-1991）的「原型理論」與榮格(Carl Gustor Jung，1875-1961)的「集體無意識」之說，以追溯羅門詩時空意象的源頭，期能加強詩意的詮釋，而獲得更豐富的內蘊。原型是把局部和總體連接起來的中介物，原型批評是通過原型及其置換變形（Displacement）[26]來把握文學整體與特色。每一個原始意象中都有人類精神和命運的碎片，由祖先承繼而來，在歷史、神話中重

26　置換變形即原型以另一種面貌出現。如屈原與〈離騷〉便是一種原型，歷代文學作品反覆描寫屈原和〈離騷〉，雖以另一種不同的方式出現，但其原型即是屈原與〈離騷〉。

覆出現的歡樂和悲哀，一代一代的流傳，許多不同民族的神話有相似的主題，這些在不同時空反覆出現的表徵與心象稱作原型。一個意象重複出現，並具有持續一致的意義，就成為象徵，原型即是「普遍的象徵」（universal symbols）。這個被一再強調的形式，以各種文學和藝術呈現，成為我們處在短暫的空間和時間中，與人類普遍狀況及永恒進行對話的一種媒介。千萬年來人類的心理、思維通過藝術在不同時代、不同空間溝通無礙。下列是具有普遍關係的原型及象徵意義，在心象方面：

1. 水：創造的神秘；生死的輪迴；淨化與滌罪；生育與生長。
據容格說：水亦是潛意識的共同象徵。
    (1)海洋：萬物之母；精神的神秘及無限；死亡與再生；無始和永恒；潛意識。
    (2)河流：亦為死亡與再生（洗禮）；時間流入永恒；生命週期的轉變相；神祇的化身。
2. 太陽（火與天密切相關）創造力；自然律；意識（思維、啓悟、智慧、精神現象）；父性（月亮與地球大都與女性或母性相關）；時間與生命的推移。
    (1)旭日：誕生；創造；啓悟。
    (2)落日：死亡。
3. 色彩：
    (1)黑色（昏暗）：混沌（神秘，不可知境）；死亡；潛意識；邪惡；陰鬱。
    (2)紅色：血；犧牲；猛烈；混亂。
    (3)綠色：生長；感覺；希望。
4. 圓週（球體，蛋形）：完整；統一；無限之神；原始形態的生命；意識與潛意識的結合——例如中國藝術與哲學的

陰陽，將陽（男性）的要素（意識，生活，光與熱）與陰
（女性）的要素（潛意識，死亡，暗與冷）結合於一個圓
週之中：

……

7.船：小宇宙；人類的時空之旅。

8.花園：樂園；純眞；未污損的美（特指女性）；生育。

9.沙漠：精神乾枯；死亡；虛無或絕望。[27]

　　這些是讀者在文學作品中常碰到的原型心象，在時空相距甚
遠的各民族神話中反覆出現的一些表象，均能導引相似的文化功
能，而反映在傳說、民俗和觀念之中，以此探索文學作品中的象
徵意義，則能得知其發源而了解作品深層結構的意涵，如：《詩
經》言「魚」字，除了用魚的自然屬性之外，初民以魚生生不息
的強大生殖力而象徵豐收與婚姻，以及與婚姻有關的情思，直到
現在年畫仍保留「童魚圖」，即一個胖娃娃抱著大鯉魚，象徵豐
收多子。由此可知，如不了解魚即原型心象，極易忽略其象徵的
豐富意蘊。羅門的時空象徵體系除了個人自創的象徵意象之外，
與民族傳統的象徵有疊合之處，本文即以此觀點探索羅門詩之時
空象徵意象。

　　在抉發羅門詩之時空象徵意象的意蘊之後，考察其詩如何運用
這些時空意象也是一相當重要的工作。羅門詩活用其他藝術形式
的特色，進行多元意象的組合，羅門最與眾不同之處是用電影的
鏡頭來寫詩，獨特的時空意象的運用使其詩內涵豐富，具時代性

---

[27] 引自 Wiffred　L. Guerin 等編　徐進夫譯：文學欣賞與批評(A Handbook of
　　Approaches to Literature，1966)，臺北：幼獅文化事業公司，1985 八版，
　　頁 134-135。

與立體感。其詩時空變化繁複，處理手法亦變幻多端，是詩人之中最善於從其他藝術借用技巧靈活轉化的大家，這項成就使其他詩人望塵莫及，瞠乎其後。由於這部分是羅門詩最重要的環節，本文將花較大篇幅詳作探討，探討方式則將跨越修辭學書籍所羅列的修辭法，採用較新的手法分類，以相應的展現羅門詩吸收各類藝術技巧的創新性。

第二章　時空的觀念

第一節　時間的觀念

　　人類的生命與時間纏繞在一起，無論人文或科技的範疇，時間都是重要的概念，它反映事物的運動及生命變化和發展的順序性、持續性。物理學家由物質宇宙的角度看時間，在牛頓力學、愛因斯坦相對論這些科學理論中，時間的順流或倒流並無差別，都可以單位化的方式精確計算，這稱爲「物理時間」。[1]物理時間是人類生活應用的時間，但在特殊情況之下，物理時間常隨著人的心理感受或生命體驗來構築的時間觀念，則稱爲「心理時間」。至於「永恒時間」是人類面臨時光飛逝，爲了解脫時間性事物所引起的煩惱，而興起各種生命哲學解釋下的時間觀念，這種時間觀念以無限爲基，超脫物理與心理的時間，成爲永恒不變的時間意象。底下分別說明這三種時間觀念。

一、物理的時間

　　人類在地球上生存，首先發現的時間概念是展開在晝夜相續、四時循環的自然時間。自然時間在精確計算及單位化之下，成爲日常生活所應用的時間準據。農業時代的人們以日出、日入爲作息的準據，而更精確的計算方式則是由日晷、銀壺、沙漏等

---

[1] 參見彼得・柯文尼和羅傑・海菲爾德著（Peter Coveney and Roger Highfield），江濤　向守平譯：《時間之箭》，臺北：藝文印書館，1998修正版，頁 1-2。

計時工具所量測的十二時辰，一直到近代新型計時工具－－鐘錶被發明出來，一天二十四小時的鐘錶時間才逐漸應用於社會。而月、年的時間計算，則以月球繞地球或地球繞太陽為標準，中國古採陰陽合曆，西方採太陽曆，說明自然界的時間在科學的研究之下，越來越趨精確化發展。這種就天體運動而計算出來的時間，即科學家所謂的「物理時間」，將物理時間通過鐘錶而應用於日常生活，現代人稱之為「鐘錶時間」。

物理時間在人們的觀念中呈前後相續，直線前展，它構成人類生活的外在準據，也是組織歷史事件的外在條件，編年史即為物理時間出現在歷史中的樣貌。科學理論所談的，主要涉及物理時間，牛頓力學、愛因斯坦相對論中的時間，均是針對物理時間的討論，只不過其解釋範圍限於地球或超出地球就星際而言罷了。愛因斯坦認為存在是四維的，是合併三維空間和一個時間的四維時空的存在，時間一維以空間運動為依歸，並未脫出物理時間而別有其他種時間的存在。現代科學家定義三種物理時間，一是「物理學時間」，泛指愛因斯坦狹義相對論中的「座標時間」及利用原子鐘測量的「本徵時間」。二是生命現象或生物演化系統呈現的「生物學時間」。三是「宇宙學時間」，宇宙如一個四維的球，在球中時間與空間纏繞在一起。[2]這是物理時間應用在不同領域而有的不同稱呼。鐘錶時間與現代生活關係密切，其來源只是物理時間的觀念。現代詩人以鐘錶時間在社會中生活，現代計時方式自然成為詩人組織其詩材的一種外在的原則，就如古代詩人以古代計時方式組織詩材，這是最淺易的方式。

2　參見吳國盛整理：〈自然時間 VS・人文時間〉，《誠品閱讀》，第 18 期，
　　1994 年 10 月，頁 39-43。

二、心理的時間

　　康德認為時間不能被用於宇宙，它只是人類意識固有感性直觀的先天形式，在康德的體系裡，時間是作為知性純粹概念和感性之間的中介之先驗架構。海德格則認為時間被描述成世俗時間，是收割、吃飯、約會之日常性的時間依據，[3]時間如河流般向前行進，這是自然科學的客觀時間。將這種時間的看法投射到我們自身的生命體驗，而有對時間的不同概念，可以說每一個獨特的經驗，都構成時間觀念的基礎，[4]如與美麗的女子坐在一起，即使是一整天也恍若片刻，但若是坐在火爐上，即使是片刻也如一個小時那麼長。「一日不見，如隔三秋」，「恍如隔世」，「度日如年」，都可說明人類感知在時間心理上的作用，或者時間在心理感受中所產生的變形。人對時間的感知帶有強烈的主觀色彩，由五官的感覺，從事物的具體運動形態中，將時間概念抽象而出，而反映事物運動變化的共通和普遍性。處於不同的情景對時間的感知便不一樣，因此，心理時間的變動幅度是最大的。物理時間隨著心理作用而發生轉變，這是人內在的時間感覺，這種時間感覺偏離了物理時間的客觀測量，但卻是人心理感受到的時間相。物理時間有其客觀定相，但心理時間卻可以由長變短，由短變長，這變易的部分即是心理的作用性，它不知不覺的超出物理時間的規範之外，以另一種時間的相貌出現。對情境的七情反應，均可扭轉時間在日常生活的慣性方向，時間靜止、時間急速、

3　參見強納生‧雷著，蔡偉鼎譯：《海德格》，臺北：麥田出版社，2000，頁110-112。

4　參見馬丁‧海德格著，陳嘉映、王慶節譯：《存在與時間》，臺北：唐山出版社，1989，頁24。

時間轉彎、時間無窮，均是時間在心理上的變相。古代文人常見的時間催迫之感，便是「時不我予」的心理感受作用於時間之上。時間不停的變動著，在其中的事物也隨之變化不止，我們能體察時間原是依據事物的變化而來，如此方能測量時間，因為它的綿延不絕，前後連續，生命在時間之下的種種設想、種種努力方能彰顯意義。它具有過去、現在和未來的三種樣貌，以現在為起點，懷想過去，遠眺未來，時間的流動方能被人所體會。黃庭堅的「桃李春風一杯酒」，是懷念過往和朋友黃幾復的相處之樂；李商隱的「欲迴天地入扁舟」，是夢想未來的功成身隱；時間一向過去流動，一向未來流動，充斥著感情所附加的意義。

　　人類因具有時間的意識，能辨識過去、現在和未來，可以具體顯示人的本質，並知悉其與只存在於現時的其他動物大不相同，但是人類的心理時間意識並非生物進化的結果，而是常期社會實踐的累積，如：「日出而作；日入而息」便形成特定的時刻概念，生存中種種因素制約人類的心理時間。中國人的時間觀與天地之道相連繫，觀天象以知歲時；依日月星辰運行的位置標定春分、夏至、秋分、冬至而從事賴以生存的農作，故中國人的時間標示並不是只有數字刻度的意義，而更包含萬物榮枯，生命消長的文化體驗，時間觀和世界的構成與運作相連繫，使中國人站在某一個特定的時間點而思考時，會以此與古往今來，縱橫交錯的眾多文化線路進行聯想性的考量，時間、天道與人事是一個整體，深潛於中國人的精神原型之中。社會轉型，心理時間可能呈現集體性的差異特色。農業社會，生活作息隨日出日入而一舒一吐，生活步調緩慢，心理閒適寧靜，隨著科技的發達，時間的準確和速度便刻意的被強調，電腦、傳真機等的發明，加快了與時間賽跑的速度，逼得在社會機器內生活的每一個人都必須隨著這

個大輪軸旋轉不停，使得現代人的心理時間與前人大相逕異。是以現代哲學在急劇的社會變動和人類與自然聯繫的改變之下，將時間的觀念置於顯著的地位，近代社會工業化後，貨市的流通，生活節奏的加快，更使人意識到時間的流動與時間的珍貴。

三、永恒的時間

永恒時間是以生命的超越轉化，與道合一而觸及的時間觀念，它以無窮為其本相，與生命心量之無窮相應。人類對生命的態度和他們的時間觀念有很密切的關係，時間可以改變一切，人們為了尋求征服和控制時間，便想像或幻想有一個擺脫時間的理想世界，但邁往這個永恒時間的理想國度，卻需在生命修持上達至本來真實呈露之境，儒釋道三家均是如此，西方基督教則以救贖洗淨其身上的原罪。人類對生命短促的焦慮，加之以宗教、哲學的思潮，以此追溯各民族描述永恒時間的過程，往往可以發現民族的生命觀：

（一）　中國儒家的直線時間觀以古為典範來凍結時間：

孔子臨川，感歎「逝者如斯夫，不舍晝夜。」（《論語·子罕篇》）將時間視為一去不回的流水，故有「甚矣吾衰也，久矣！吾不復夢見周公。」（〈述而篇〉）時不我予的感傷。強調在現世奮鬥的重要，所謂：「未知生，焉知死。」（〈先進篇〉）凡事只要盡力去做，「不怨天，不尤人，下學而上達，知我者，其天乎！」（〈憲問篇〉）盡人事而聽天命，知其不可而為之，以「立德、立功、立言」而名垂不朽。《禮記·禮運篇》認為要法先王才能走入大同世界。欲模仿上古堯舜的理想年代，將時間固定在過去的某一時刻，使它成為永恆。所以三不朽的觀念和模仿過去的典範是儒家脫離時間腐蝕的方法，這也顯示了儒家直線的

時間觀念，如果時間是循環的，美好的過去自然會再重現，又何必去模仿過去。

（二） 道家和佛教的圓形時間觀挣脱時間的束縛：

中國的道家和印度的佛教認為：宇宙中的萬事萬物都依據一個循環模式來運行，時空是宇宙的基本要素，當然也是循環不已的，因此，現世的生命不過是整個宇宙大循環中一個微不足道的片斷而已。時間是無盡的綿延，無始無終，故人生如騏驥過隙，修身養性必須超越或破除時間性而臻於永恒，不執著於世俗的時間標誌。[5]《莊子·逍遙遊》言：「若夫乘天地之正，而御六氣之辯，以遊無窮者，彼且惡乎待哉！故曰，至人無己，神人無功，聖人無名。」順應萬物之性，即自然之道，揚棄為功名束縛的小我，讓自己的精神由形骸中突破出來，而上昇到自己與萬物相通的根源之地。由於時空之無限，人應該盡量擴充胸襟，以免如《莊子·秋水篇》言：「夏蟲之篤於時」。安處時勢的一切鋪排變遷，解悟往古來今只是一種相對的概念，心胸既達觀便不因生命短促而歎息哀怨。老子曰：「知其雄，守其雌，為天下谿。為天下谿，常德不離，復歸於嬰兒。」鑒於世俗人群搶先貪奪，紛擾喧嚷，故主張處下而不爭，並反樸歸真，回歸於生命原始的起點。又曰：「禍兮，福之所倚；福兮，禍之所伏。孰知其極？其無正！正復為奇，善復為妖。人之迷，其日固久。」一切事象都在對立的情狀中反覆交變，這種反覆交變，循環倚伏的轉化過程是無止盡的，此種可逆轉的時間觀念如車輪式的圓形。佛家更認為：生死流轉是無始無終的，無論是過去、現在或未來都是虛幻的，時間是一個刹那接一個刹那的相續，最理想的存在——涅槃（nirvana）只

---

5 參見王煜：《老莊思想論集》，臺北：聯經出版事業公司，1979，頁 99-110。

存在於時空之外，個人的生死只是無始無終之中的剎那，一個剎那包含了無限的時間歷程，換言之，只有完全掙脫時間的束縛，才能達到天堂的境界，故佛教的圓形時間是一個無限的圓。[6]中國傳統的知識份子接受道家、佛教的時間觀念，而有寄情山水之間，以詩酒自娛的超脫方式，陶淵明的天堂是建築在秦朝末年，不受時間侵蝕的桃花源，這可說明他選擇與自然契合，使自身有限之時間擴大為自然界無限時間之流轉變化。

（三）　基督教直線時間觀創造永恒的天國：

基督教之前的古希臘人持有圓形回歸的時間觀，而基督教由神創造天地，耶穌之死亡及復活，再至最後的審判，這種直線進行的時間性突破古代圓形的時間信仰，基督受難是不能重演的，必須被看作獨一無二的事情，而人死後是去天國或地獄，不再循環而生。

人類運用不同的生命思考方式來解釋時間，並因對死亡的恐懼而企圖超越有限的時間，追求真正的生存意義，時間的變與不變在蘇軾的〈前赤壁賦〉便說得很透徹，「自其變者而觀之，則天地曾不能以一瞬；自其不變者而觀之，則物與我皆無盡也。」世界在生滅，改變的只是個體，整體是不變的，這是一種超脫通達的人生態度，超越時間的限制，化生命為永恒。

第二節　空間的觀念

空間的觀念分為三種：一、「物理的空間」，即是幾何學上的空間。任何實體必須有四度的延展，長、寬、高、久，三度空

---

6 參見王孝廉：〈永劫與回歸・時間專題〉，《誠品閱讀》，第 18 期，1994 年 10 月，頁 30。

間加上時間，一共是四度。而海德格說：此在的空間性是指人類的某種處境，這些處所在我們周遭出入之處，經由各種及手的（ready-to-hand /zuhanden）活動或休閒設施加以定義。如：房間對我們來說並非具幾何空間上之意義，而是讓人居住的東西。[7]二、「心理的空間」是指通過物理空間的主觀感知而任憑想像自由創造或變形的空間，和物理空間不是相同的世界。三、「超脫的空間」是指精神遨遊的世界，如：基督教的天國聖城超越肉體的極限，擺脫物質形體的束縛和人世的髒亂；《山海經》記載一個昆侖樂園，滿足了個人長壽永生和世界和諧安樂的願望，經由想像獲得永存的仙鄉。隱逸之士徜徉在自然山水美景當中，欣得感官之美而撫慰抑鬱的心靈，體悟生命之真理，其精神獨與萬化往來，這便是中國知識份子的超脫空間了。

一、物理的空間

中古世紀的基督教認為世界有物理空間，是為肉體佔用，而靈魂佔用另一種空間，這是二元的宇宙論。現代物理學家說到相對論以前的空間概念，仍以伽利略空間（Calilean space）為主，伽利略認為實有空間是廣大、無形狀、三度空間的虛空，正如同文藝復興畫家所描繪的不斷延伸的，同源的三度空間，牛頓力學的空間概念，也是這一典範的延伸。愛因斯坦則徹底更新科學的時空認知，他認為時間和空間不是絕對的，而是相對的現象，並將這個觀念寫成嚴謹的數學式，空間和時間會依觀察者的速度而改變，兩個人之間的速率愈大，對空間的領悟差異也愈大，簡單的說：我行進的速度比你快得愈多，你的空間就會顯得愈縮小，

---

[7]參見強納生‧雷著，蔡偉鼎譯：《海德格》，頁 54-55。

你的時間也變得更慢。空間和時間都是結合於一個四度空間的整體之中，時間是第四度空間，這種複合可稱為時空。（spacetime）[8]

二、心理的空間

人對外界的感觸首重事物的感性特徵，由此而激發情感使外在的物理空間變形，人對實際空間的感知因情感而有所增減，或創造，或重新組織，重新改造，如魯迅小說《明天》，賈四嫂子失去寶兒，自己在一個房間裡，因為悲哀和孤獨，忽然覺得這個房間太大了。夢境、仙境或地獄的想像也是虛相的幻覺空間，但丁的〈神曲〉描述地獄是陷入地殼內部的深淵；煉獄是地表之上的一座大山；天堂則在星辰界，而中國人對瑰麗的神仙世界、人死亡後的去處、日月星辰的幻想，是許多文學作品靈感的來源。

佛洛依德（Freud，Sigmund，1865-1936）有關夢的理論認為：夢的形成是一種潛意識的活動，在意識活動中常因現實的侷限而退卻至潛意識的系統，因而夢想是潛意識的出口，生存的真理與意義蘊藏於生活系統的深層，表層並不明顯，有時必須打破表層的一般秩序才能突顯真正的人性和社會現象。對過去生活空間，無論是苦痛或喜樂總有一絲的留戀，對未來生活空間的想望和期盼，則是人生命延續的動力，人的思考與想像能改變真實的空間，而創造另一個洞察人性的心理空間，如電影的蒙太奇手法，使想像的空間和現實的空間疊映，揭示生活的底蘊。

三、超脫的空間

8　參見瑪格麗特・魏特罕（Margaret Wertheim）：《空間地圖：從但丁的空間到網路的空間》，臺北：臺灣商務印書館，1999，頁71-148。

　　佛家說：「大千入毫髮」和「納須彌於芥子」，芥子是極小的種子，須彌爲佛家宇宙裡中央山脈的高峰，一旦有真如之心，整座須彌山是可納入一顆小小的芥子裡，整個大千世界也可納入一根毫髮之內，當自我和客觀的世界完全混融，內在世界和外在世界已連成一氣，外在宏觀的世界可隨人之悟道而縮在芥子或毫髮之內，通過想像和意念，宇宙的物象不受物理性大小的限制，對天地宇宙的探索與嚮往，對現實世界的超越，使精神的超脫不須借助外力而可平順的由此世界過渡到彼世界去，以冥想去觀察宇宙之生機，用靈視超越現象界的存在，由有限的存在轉至大化的創造過程中，融入宇宙力量的演化裡。陶淵明〈讀山海經〉詩中說：「歡言酌春酒，摘我園中蔬，微雨從東來，好風與之俱，汎覽周王傳，流觀山海圖，俯仰終宇宙，不樂復何如。」遠離塵俗，在大自然中愉悅的飲春酒、吃自種的菜蔬，此情境裡，任憑想像馳騁於宇宙天地之間，釋放自我與物俱化，這種真樸自然的超脫是中國知識份子追求的目標。

第三節　文學中的時空

　　時空論是康德哲學中最能表現主觀擴大並觸及人生存在意義的論點，以人的主觀性來看時間和空間，所以時空是人思想的結構支柱，是人透視外在的依據，時間和空間像鏡子一般，反映人所經歷的宇宙現象的一切秩序，雖宇宙間有其現象的循環，與人的主觀世界不同，而人的主觀卻將自己視爲世界的創造者。[9]詩歌

9　參見陳世驤：〈法國唯在主義運動的哲學背景〉，《陳世驤文存》，瀋陽：遼寧教育出版社，1998，頁 113-114。

是生活的反映，不能離開時空而存在，時空不僅是科學家和哲學家探討的對象，也是古今中外的詩人審美的主要架構。時間知覺是對客觀事物運動和變化的順序性與連續性的反應，空間知覺則是感知事物的大小、形狀、遠近、高下、立體、平面等，詩人的時空感知審美能力比一般人更為敏銳，擅於組織時間與創造距離之美感，詩人寫時間之流轉不能脫離空間的情景，寫空間的變化也不能離開時間的運行，時空交錯融合形成和諧的藝術整體。在中國古典詩中可分析出三種時間觀點：個人、歷史和宇宙，當談論到時間的觀點便已應用空間的意象，每一種時間的觀點易於和空間意象的類型來聯繫，如：個人的觀點和房屋、田園、街道一類的意象聯繫；歷史的觀點和都城、宮殿、廢墟一類的意象聯繫；宇宙的觀點易和湖海、高山、星辰等意象聯繫。[10]詩人以自我覺知時間和空間的方式能影響他對生命的感情和態度，影響詩歌的深層意涵。

　　物理的時空和心理的時空是兩個不同的世界，在物理世界質量是恒定的，時間與空間的測定不須考慮人的經驗，但是考量心理的世界便必須面對不同個性和經歷的個人來探討，心理世界對物理世界的扭曲、錯位是表現個人的心靈特色，也是詩意的所在，對詩人而言，由物理世界進入心理世界的過程是創作的必經之路。[11]劉勰《文心雕龍・物色》篇說：「既隨物以宛轉，亦與心而徘徊」，是指詩人在創作中，對外界之事物詳加考察，並引發聯想而進入內心的情感世界，正是由物理世界進入心理世界的規

10　參見劉若愚著，陳淑敏譯：〈中國詩中的時間、空間與自我〉，《書目季刊》，第 21 卷，第 3 期，1987，頁 22。

11　參見童慶炳：《中國古代心理詩學與美學》，臺北：萬卷樓圖書公司，1994，頁 4--7。

律，類似於陸機的〈文賦〉：「佇中區以玄覽，頤情志於典墳，遵四時以歎逝，瞻萬物而思紛，悲落葉於勁秋，喜柔條於芳春，心懍懍以懷霜，志眇眇而臨雲。」詩人處於時代活動的中心，因四時的變遷，萬物榮落而引發創作的動機。存在決定意識，客觀的物理世界是創作的來源，但進入心理世界後，便因詩人個別的稟賦和氣質使之千變萬化，任何作品就抒情當下的情感而有不同的歸趨，如思鄉和離懷，是因空間的移轉而在時間的流動中傾洩，史蹟的緬懷則是將空間瞬間凝聚，在歷史的軌跡往來行走[12]，悲秋、傷春是感物的吟詠，每每成為文學作品的主題，古今的時空世界表現自然與人文的榮悴悲歡，更可給予讀者動人的啓發。作品不能使實際情況再現，但能創造一個和原來情況相似的想像世界，將讀者載到現實時空之外獨立存在的境界，超越實際的情境，而進入永恆。

一、文學中的時間

中國詩人受儒家之影響而持直線時間觀，以生命的角度看待時間，認為時間是生命秩序的開展，而且往而不復。時間觀念是生命體驗的結果，每一個人均有自己獨特的生命感受，這些感受便是個人時間觀念的基礎，如果深入探討分析某一位作家的時間觀念，便可知道他對於生命的思考方式。[13]李白因為對時光流逝的迅速，對現實感到惶恐不安而寄情詩酒，〈將進酒〉云：「君不見黃河之水天上來，奔流到海不復回，君不見高堂明鏡悲白髮，

---

[12]參見蔡瑜：《中國抒情詩的世界》，臺北：臺灣書店，1999，頁 33。
[13]參見李清筠：《時空情境中的自我影像—以阮籍、陸機、陶淵明詩為例》，臺北：文津出版社，2000，頁 21。

朝如青絲暮成雪，人生得意須盡歡，莫使金樽空對月。」對時間
流逝的迅捷發出深沉的喟歎。時間宛如黃河之水奔流不回，將由
天而降，滾滾奔流的空間意象轉成時間意象。轉眼間，滿頭青絲
變成白髮，人的青春歲月在一瞬之間便飄然而去，故要把握有限
的時光，暢飲美酒，及時行樂，這種感傷在中國詩歌裡隨處可見。
李賀是第一位把時間提出來討論的詩人，如：〈古悠悠行〉：

> 白景歸西山，碧華上迢迢。今古何處盡，千歲隨風飄。
>
> 海沙變成石，魚沫吹秦橋。空光遠流浪，銅柱從年銷。

　　人生有限而時光無窮，時間由現在往後綿延至無盡的過去，
往前開展至悠遠的未來，兩者均無定點，時光空蕩流浪，千年亦
輕易的揮霍著。人世間的一切無不受到時間的銷鑠，沒有經久不
變的事物，何況是血肉之軀，秦橋、銅柱所象徵的長生不老、成
仙之夢也終無法實現，只有無限悠悠的時光獨自長存。由李賀對
時間的深入分析，可知宇宙時光吞沒一切人事的無奈之感。

　　文學中敘事的速度主觀的展示作者與世界的聯繫，文學中敘
事越疏，則時間越快，在迅捷的時光運行中，大起大落的歷史變
化在幾句議論中可見人事興衰的法則。如杜牧的〈西江懷古〉：

> 上吞巴漢控瀟湘，怒似連山淨鏡光。
>
> 魏武縫囊真戲劇，符堅投箠更荒唐。
>
> 千秋釣舸歌明月，萬里沙鷗弄夕陽。
>
> 范蠡清塵何寂寞，好風唯屬往來商。

以西江敘詠相關的歷史事件，魏武縫囊、符堅投箠終究無法與自
然的力量抗衡；並以清塵來稱美范蠡泛舟的瀟灑，但是歷史人物
的奔波鑽營，無心享受江上的清風，作者感歎：只有讓往來商旅
獨享了。此詩大幅度跨越了時間，使歷史運行的法則在高速的時
間的載體之下越見清晰。相反的，敘事越密，則時間越慢，在描

繪的深刻度便越見精妙。如李白的〈怨情〉：「美人捲珠簾，深坐顰娥眉。但見淚痕濕，不知心恨誰。」以靜態的畫面；單一的視點，巨細靡遺的形容美人的一舉一動，時間的緩慢恰能烘托怨情的流露，使描繪更見深度。

詩歌中的時間順序可以表達作者內在曲折的情感和他對外在世界的概念，以過去、現在和未來的時間來談論：

（一） 過去的時間

時間是抽象的，只有藉事件的標註才能建立順序，一連串事件的組合便形成時間。過去的時間是屬記憶的時間，有些回憶讓人懸念、窺想，甚至會動手來剪接和填補，如李義山的《錦瑟》詩：

> 錦瑟無端五十弦，一弦一柱思華年。
>
> 莊生曉夢迷蝴蝶，望帝春心托杜鵑。
>
> 滄海月明珠有淚，藍田日暖玉生煙。
>
> 此情可待成追憶，只是當時已惘然。

詩人由自己有限的生命之經歷擴大至宇宙時空無窮的幻化，超出對自我經歷的悼亡與自傷，宏觀自然無限時間內萬物的變化，而產生宇宙的悲哀感（cosmic sorrow）[14]，結尾再歸入自我主觀的時間感覺和心靈經驗，「此情可待成追憶，只是當時已惘然。」這兩句回至首二句的有限時間感之內，加深主觀的感覺，對於過去之當時不勝歔欷，更覺得時光流變的迅速，只長留永遠已惘然的遺恨，在回憶的過程裡體悟生命如蝴蝶夢般的無奈與失落。

（二） 現在的時間

---

14 參見陳世驤：〈時間和律度在中國詩中之示意作用〉，《陳世驤文存》，頁 60-66。

　　陳子昂的〈登幽州臺歌〉：「前不見古人，後不見來者，念
天地之悠悠，獨愴然而涕下。」前與後的時間標示，同時標示出
詩人所立足的現在的時間點，從詩中可見詩人對過去的失望和對
未來的憂心忡忡，自我的存在於時光之流中是與過去和未來呈現
斷裂，一個受時間限制的生命無法參與歷史，且對未來理想幻滅
之悲情，使自我生命之省思只能化爲英雄之淚。看不見儒家緬懷
古人的情景，由此可見陳子昂的時間是與過去和未來隔絕的，登
幽州臺後所見之景象全部消隱，只剩下與我並生的天地，在無垠
悠悠的時間之下，透露生命的悲劇意識，引發宇宙的孤寂感。

（三）　未來的時間

　　李商隱的〈夜雨寄北〉時間是靜止的，但是詩人在精神上卻
是向前移至未來，而且想像如何由未來回顧現在。「君問歸期未
有期，巴山夜雨漲秋池。何當共剪西窗燭，卻話巴山夜雨時。」
首句以未有期來否定歸期，而引發漫無止盡的期待，未來的重聚
很可能不會發生，更增加現在相聚的難得及歡樂，「何當」是對
未來的憧憬，何時能再聚首剪燭夜談，重逢時要談些什麼？大概
是今夜的雨吧！時間超越現實至未來，最後又回到現實，詩人藉
時間的往來流動顯示情感的迴旋滿溢。

二、文學中的空間

　　人文主義地理學所稱的存在空間，是指由主體人爲中心向外
擴展而形成的自我中心空間。空間對作家而言，可進一步發展爲
獨特的生命省察，如在中國，自謝靈運以來的山水詩便形成遊觀
美學的傳統，描寫空間景象之形貌、動感與內蘊的詩篇不絕如縷。
自然所造成的空間景象，如夕照殘月，長林古木；或峻嶺絕壑，
清流急湍；人爲的空間景象則有田園黍稷，亭台樓閣。在亭台樓

閣間的遊歷，因遠眺、近觀、仰視、俯察、前瞻、後視、左顧、右盼、游目四處的角度不同，而有不同的思索。詩人可由一個固定角度或移動視點的複合角度去表現空間的景物，甚至透過建築物的媒介結合古今之遊人，貫穿時空，使其攜手同遊，且地方的地理特色、人文素質、歷史記憶、聚會的場合，使空間的美感成為作家表現生命質素的重點。如王粲的〈登樓賦〉以登樓所見為廣大而連續的視覺空間，並因觀覽者的體悟，而使這些景觀引發特殊的個人反應。[15]

> 憑軒檻以遙望兮，向北風而開襟。
> 平原遠而極目兮，蔽荊山之高岑。
> 路逶迤而修迴兮，川既漾而濟深。
> 悲舊鄉之壅隔兮，涕橫墜而弗禁。

　　焦點穿透眼前的空間景物，而跨至不可得之舊鄉，引發懷鄉的悲情和個人不受重用的悲哀，故涕橫墜而弗禁。整個登樓的行動是自我和外在世界之關係的追索，所以山水的美感經驗轉為情景交融的情意，更擴大對生命情境的悲觀覺知。類似〈登樓賦〉這類因觀覽而引發自我情懷之呈現的作品俯拾即是，〈岳陽樓記〉、〈醉翁亭記〉、〈超然臺記〉均是其中佼佼者。情感可改變現實的空間，另創一個文學的空間，這個文學的世界是作家內心情意的呈現，和現實有一段距離，這個距離帶給讀者美感的意境，如宋之問〈度大庾嶺〉云：「度嶺方辭國，停軺一望家，魂隨南翥鳥，淚盡北枝花。」南翥鳥是鴈，陽月南飛鴈，傳聞至此

15　參見柯慶明著：〈從亭台樓閣說起〉，《中國文學的美感》，臺北：麥田出版社，2000，頁 275-310。

迴,[16]故表示詩人之精神已超越空間隨南翥鳥而返家。李白〈獨坐敬亭山〉:「眾鳥高飛盡,孤雲獨去閑,相看兩不厭,只有敬亭山。」山已擬人化,與人相看兩不厭,物與人之情相互交感而創造一個獨立的空間。這些原本平凡的空間經過詩人情感的改造,便成為全新的文學世界。空間關係的奇妙組合和變形也可形成作品的美感和意境,如杜甫〈秋興八首〉之一:「江間波浪兼天湧,塞上風雲接地陰。」將波浪與天,風雲與地的距離大大的縮短,造成視覺上令人驚異的美感,〈落日〉詩言:「落日在簾鉤,溪邊春事幽。」〈絕句四首〉之三:「窗含西嶺千秋雪,門泊東吳萬里船。」將浩瀚的外界空間壓縮至室內,使落日與簾鉤,窗與千秋雪,門與萬里船,構成一平面,其間的距離消失,這是「天地為廬」的體現。又詩人稱呼之地名往往有感情滲入的誇張作用,並非弄錯地方‧如蘇軾的〈赤壁賦〉裡詩人與友人泛舟遊樂的地點,並非真正赤壁之戰的古戰場,詩人並非不知,而是文學的世界是來自於現實,又超脫於現實而獨立存在的,詩思縱橫宇宙,無所界線。綜合前論,可發現中國詩的空間感在詩裡可與個人的生命意識、對歷史的觀點與宇宙的認知相聯繫:

(一)　個人的生命意識與空間的聯繫

陳子昂的〈春夜別友人〉云:「明月隱高樹,長河沒曉天,悠悠洛陽道,此會在何年?」以綿延無盡的洛陽道象徵與友人相會之難,運用空間的意象表達詩人心中的愁悵與依戀。孟浩然的〈宿桐廬江寄廣陵舊遊〉云:「山暝聽猿愁,滄江急夜流,風鳴兩岸葉,月照一孤舟。建德非吾土,維揚憶舊遊。還將兩行淚,遙寄海西頭。」運用旅況淒涼寂寥的空間意象:夜山愁猿,滄江

---

16 引自高步瀛選注:《唐宋詩舉要》,臺北:宏業書局,1980 二版,頁 415。

孤舟，襯托詩人心中的思鄉愁緒：「建德非吾土，維揚憶舊遊。」結尾「還將兩行淚，遙寄海西頭。」穿過重重空間的阻隔，把思念之情寄至故鄉。這些詩均以外界的空間意象顯示詩人內在深沉的離情和思念。

（二）　歷史的觀點與空間的聯繫

　　無數被稱爲詠史、懷古的作品，以古蹟激發古今的歷史的思考與意識，或投射個人之感懷，或顯出詩人對歷史的洞見，如李白〈夜泊牛渚懷古〉：「牛渚西江夜，青天無片雲。登舟望秋月，空憶謝將軍。余亦能高詠，斯人不可聞。明朝挂帆席，楓葉落紛紛。」據歷史記載：晉朝謝尚鎮守牛渚，有一次在舟中聽到袁宏詠史，大加讚歎，李白夜泊牛渚，深刻體會知音相會的欣喜，但是也潛藏無人知賞之憾恨，回顧歷史，憑添愁悵，最後以淒美的景緻作爲結尾，充滿無盡的淡淡哀愁。

　　杜甫的〈詠懷古跡五首〉是詠史、懷古的經典之作，第一首「支離東北風塵際，漂泊西南天地間。三峽樓臺淹日月，五溪衣服共雲山。羯胡事主終無賴，詞客哀時且未還。瘐信平生最蕭瑟，暮年詩賦動江關。」支離東北，飄泊西南，空間跨度甚大，而風塵僕僕，南北奔波，生命在漂泊中逝去是杜甫大半生的寫照，如同瘐信悲涼一生，終日望鄉不得還，只換得文學上的成就，詩中的三峽、五溪其實並無瘐信足跡所至的古蹟，而是爲表現在離亂中漂泊，到處爲家的生涯，以空間的轉換表達深沉的身世悲慨。

（三）　宇宙的觀點與空間的聯繫

　　易經說：「無往不復，天地際也。」對空間的態度不若西方之視線失落於無窮，而是「雖不能至，而心嚮往之。」嚮往無窮之心，必須歸返自我而有所安頓，成一回旋之節奏，是中國人的空間意識所以表現在文學上的，不是由幾何三角所構成的西洋式

的透視空間，而是陰陽、明暗、高下、起伏的節奏化的空間，作家以「天地爲廬」的宇宙觀，故多從窗戶、庭階，去吐納景物，劉勰《文心雕龍》說：「目既往還，心亦吐納，情往似贈，興來如答。」陶淵明從田園間悠然見宇宙的生氣和節奏，〈飲酒詩〉云：「結廬在人境，而無車馬喧。問君何能爾，心遠地自偏。採菊東籬下，悠然見南山。山氣日夕佳，飛鳥相與還。此中有真意，欲辯已忘言。」陶淵明雖身在人境，但是精神上已擺脫俗世的僞善，回歸於本真的世界，與山悠然目會，物我之對立消失，融合自己於自然之界，自我的執念既已消失，語言無法說明如此的情境，而且也無存在之必要。由此可知：中國人的宇宙觀是與萬物同節奏，可由有限見到無限，又從無限回歸有限，意趣往復回旋。這是詩人對自然之道具體的領悟和與自然合一的具體表現。

第三章　羅門詩時空觀的形成

羅門詩之時空觀的形成，與其生平閱歷及其所吸納的中西文學、藝術都有密切關聯。羅門具有傳統中國文學的深厚淵源，懷抱自屈原杜甫以來，儒家救世濟時的人道主義精神，使得他的批判散發生命的溫熱和光度，意欲以詩與藝術提昇人類內在的精神世界，挽救因科技文明而喪失的文化追求和自我省思。而西方文學及其理論的啓發，使他的詩更具有創新感和獨特性，同時他也努力學習，浪漫主義、象徵主義、超現實主義都能深入了解並運用，由現代至後現代主義的學說及作品亦能吸收爲養分，尤其使羅門都市詩更加有深刻的內涵和創新的意象。加以他曾經當過飛行員和運動員，飛行員的經驗使他能以超越世相的觀照，透視時空來去中人們的心靈[1]；運動員的敏銳反應，有助於對現代社會百態快捷的思考。另外，不同門類的藝術，使他能以更多的角度探索詩的精神深度和美的創造，[2]所以他強調多向性的藝術表現，因爲詩人和藝術家是另一個生命的造物主，在廣闊的天空工作，故不宜掛上任何主義的標籤，任何階段出現的生存環境，以及出現過的任何主義與流派，乃至古、今中、外的時空範疇，「現代」之後的「後現代」的「後現代」…等不斷呈現新的現代，是納入

[1.]羅門於 1942 年十四歲進空軍幼年學校；1948 進杭州筧橋空軍飛行官校，有飛行經驗；1952 年考入民航局工作。

[2.]羅門曾於 1948 年代表空軍足球隊參加在上海舉行的第七屆全國運動會。

超越的自由創作心靈溶化爐中的各種景象與材料。[3]

　　作為一個詩人，他認為自己不受任何學派或理論所限制，而是要不斷在下一秒，以智慧型的心靈去感悟和創造。而且作為一位有創見和展望的現代詩人，必須受中國有機傳統文化的薰陶，有生存於現代環境的知覺，並關心全人類之生存，同時能作獨特的自己，只有站在此一完整與複疊的精神層次之上，才能創作感人、偉大的現代作品。[4]他不僅是詩人，對於繪畫、雕塑、建築、電影和音樂等藝術技巧都有相當的造詣，並運用裝置藝術的觀念佈置他的燈屋，受到媒體廣泛的報導，他認為在藝術創作時，用新的審美和觀物態度可產生具現代感的創作空間，並在過程之中把焦點移轉到現代感較強的領域，運用各種質材和色彩配合作品演出的時空，使藝術存在產生更深刻的價值。如〈死亡之塔〉一詩以繪畫、音樂、雕塑、幻燈、舞蹈搭配詩的綜合演出，是開綜合藝術表演之首創，他認為「可考慮採取其他藝術的性能來擴展與架構現代詩語言活動的新空間環境。」並「企圖使用立體派多層面的組合觀點，以及採取半抽象、抽象與超現實的技巧，與電影中有電影的手法（即詩中有詩），使詩境內部在藝術性的設造過程中，獲得較具大規模與立體感的結構形態，有如大都市建築，所呈現層疊聳立的造型美與展示多層面的景觀。」[5]其詩中所展現

---

3. 多向性（Nob-none Direction Beacon）是多向歸航臺，飛機可在各種情況下，自動準確的飛向機場，頗似詩人和藝術家以廣闊的心靈與各種媒體，將世界從各種方向導入存在的真位和核心，這形成羅門創作上多向性的詩觀。參見羅門著，周偉民、唐玲玲主編：〈將同詩走完我的一生〉，《羅門蓉子文學世界學術研討會論文集》，臺北：文史哲出版社，1994，頁 14-15。

4. 參見羅門：《羅門論文集》，臺北：文史哲出版社，1995，頁 75-76。

5. 引自羅門：〈我的詩觀〉，《羅門詩選》，臺北：洪範書店，1996，頁 6-7。

的時空建構，立體而多重，既有中外古今時空觀的痕跡，也有文學、藝術時空感受及處理方式的啓示，當然亦有其自身出入其中的領悟，及想要融一爐而治之的創造性。如果從其詩論的三層自然來說，「第三自然」的時空是爐治「第一自然」和「第二自然」時空的創造，也是出入物理時空、心理時空及永恒時空的獨特的詩與藝術的時空。

　　考察羅門詩之時空觀的形成，稽其大要，可分三點來說：一、中國文學時空觀的涵育，二、西方文學時空觀的刺激，三、各類藝術時空觀的影響。底下分別作一考察。

第一節　中國文學時空觀的涵育

　　在中國文學中，屬直線時間觀的短暫人生與屬循環時間觀的永恒自然是同時存在的，在宇宙中循環復現的物類不歸屬特定的時空，與人的短暫存在以及歷史的盛衰無常不同，詩人由這些自然恒定的現象對照瞬間的歷史人事，離宮廢墟的昏照殘月，荒院孤臺上的依依楊柳，這已是懷古詩弔古傷今共同使用的模式。以鵑啼喚起思鄉之感，用春草比喻愁緒，藉楊柳引發離思。這也已是一種群體類化的思考方式。這些歷代詩人所共有的情興可視爲一種原型，所以每一首古典詩都可喚起詩人和世界之間，先已存在的對應網絡。

　　中國傳統中自然與人文不是對立的，詩人之心和宇宙本原相連，在先秦以道爲中心的宇宙觀中是如此，在兩漢以還以氣爲中心的宇宙觀中仍是如此。而在自然與人文之間並存在一種感應關係，〈詩品序〉云：「氣之動物，物之感人，故搖蕩性情，形諸舞詠。」物感之說連繫了自然物色和人心所感的兩端，並顯現了

物感的共同性和差異性。共同性形成人類的共同經驗，差異性呈示個人的特殊經驗，這些經驗及內蘊的時空感受，在歷史中不斷辯證發展，各種心理時空的構築與永恒時空的想像雜然並陳，但最終仍以自然爲永恒的歸宿。羅門的時空思考，基本上來自傳統天人合一的宇宙觀，而其中儒家以古爲典範與以天下爲己任的精神，道家、禪宗的空靈和超越，以及歷代詩人強烈的時空感受，對羅門都有深刻的影響，其中影響最大的有屈原、陶淵明、王維、李白、杜甫、柳宗元等人。如羅門在〈打開我創作世界的五扇門〉說：柳宗元「獨釣寒江雪」超越時空的生命境界，獲得生命的本質；陶淵明「悠然見南山」的那種超物與忘我的精神，擁抱到那與整個大自然共源的生命，超越時空而存在；王維在觀看「江流天地外」正在出神時，進入「山色有無中」的那種入而與之俱化的境界，而擁抱無限；李白的「黃河之水天上來」；杜甫的「高枕遠江聲」，隨著人的視覺與聽覺，江流呈現立體的移動感與距離感而形成強烈的時空觀照。[6]

屈原〈離騷〉的深層結構，蘊含歷久彌新生生不息的中國儒士精神，展現心路歷程中政治意識與宇宙人生、社會歷史恒有的普遍感歎和悲劇性，其獨創的想像世界超越了有限的時空，而溝通了古、今、上、下，周流四極，時空的幅度無垠，有震懾人心的氣魄。

> 朝發軔于蒼梧兮，夕余至乎縣圃。
>
> 欲少留此靈瑣兮，日忽忽其將暮。
>
> 吾令羲和弭節兮，望崦嵫而勿迫。
>
> 路曼曼其修遠兮，吾將上下而求索。

---

6 參見羅門：《羅門論文集》，頁 4-18。

如同王國維在《人間詞話》所言的宏壯之美[7]，屈原展現了一個民族之魂，將跌宕澎湃的情感融化於迴旋往復的節奏中，執著於追求真理，欲去故國而不忍，並在花草禽鳥、古今人事、神話傳說間自由進出，在時間和空間的廣宇悠宙中穿梭自如，其心靈構築的時空已不再限於狹隘的現實人世。羅門在〈升起的河流——悼詩人屈原〉詩中說：

> 冰層裂開的聲響裡
>
> 春天反而往下陷
>
> 春天被傾斜的太陽說不成春天
>
> 你怎樣也扳不回太陽的斜度
>
> 便將心碎成汨羅江上的浪花
>
> 撒到最高最闊的天上去
>
> 成為星海

屈原扳不回家國的春天，但知其不可而爲之的精神如同高闊的星海，無盡無涯，籠罩後世，成爲永遠的儒士典範。

> 潛入最深最靜的江底
>
> 將臉貼著最清最潔的水流
>
> 風鈴聲滑過原野
>
> 寧靜了滿天的藍
>
> 你以光的姿態睡在銀河上

---

7 高山大川、烈風雷雨或偉大的宮室、悲慘的藝術作品，對象形式大不利於吾人，或是無限大的量；或具無限強的力，超越吾人智力所能馭；或人力所能抗的範圍，吾人的意志爲之破裂，反而因保持自己的本能而超越利害的觀念以外，用敏銳的直觀觀察這個對象形式，所以也能得到一種美的感受，這就是壯美。參見王國維：《人間詞話》，臺北：金楓出版社，1999，頁 31-32。

　　睡成歲月

眾人皆濁我獨清；眾人皆醉我獨醒，屈原堅持理想的風骨成為中
國知識份子普遍認定的道德標準，即使歷經千年，依然為傳統中
國文化的優良美德。

　　……

　　　　　睡成純淨的時間之軀

　　　　　睡成一面鏡

　　　戴奧尼索斯站在火的藍燄裡

　　　蓮花開放在透明的氣流上

　　　　　芬芳到花之蕊

　　　　　深遠到海之心

　　　　　聳高到天之頂

　　　　　遼闊到地之外

　　　你是那聲那色那形那貌

　　　　　於千山萬水之間成為視聽

　　　天空坐在鳥上　瞭望是你之目

　　　遠方坐在迴響裡　聆聽是你之耳

　　　你是那條在我們體裡

　　　發出水聲的河

　　　　千隻雕龍的船划入神話中的故事

　　　　萬槳之翅將你飛成永恒[8]

屈原「僕夫悲余馬懷兮，蜷局顧而不行。」對故里的戀棧不忍去，

---

8 引自羅門：《素描與抒情詩》，臺北：文史哲出版社，1995，頁 92-94。

而楚國又無足以為美政的可能，故屈原在理想的幻滅後，用生命以殉理想。理想不能實現，屈原選擇自沉汨羅江，如同高闊天上的星海，而成為中華民族永恒的精神象徵。在江底、原野、天空代表的永恒空間，如同光一般，是永恒歲月不滅的形象，聳立於花之蕊、海之心、天之頂、地之外，成為永恒時空的象徵。於字裡行間洋溢著閱深的歷史情感和浩瀚的宇宙觀，遨遊於千山萬水，古往今來當中，並肯定這一位孤獨的、「國無人莫知我兮」的殉道者熱切的愛國愛鄉之情，這種對國家的苦戀給予後世有志之士道德和情操上的巨大影響力，屈原的精神深入每一個中國人的心中，如體內發出水聲的河，河上的龍船訴說著永恒的故事。以端午節這個獨特的時間刻度為主軸，將屈原的性格、精神和神話、傳說及信仰交織為一首具中國人文風格的歌曲，這些形成羅門詩精神的底蘊。羅門詩中的鄉愁離恨，家國之情在其他的詩篇中仍一再的出現，如〈賣花盆的老人〉：

　　每天

　　他推著一車歲月

　　　擺在巷口賣

　　坐在盆外

　　他也是一隻空了三十多年的

　　　　老花盆

　　直望著家鄉的花與土[9]

老人賣的不但是花盆，也是他的青春歲月，經過三十年，他仍舊盼望回到家鄉，但故鄉只存在於他無盡的遙望裡。在時間場景上

---

9 引自羅門：《戰爭詩》，臺北：文史哲出版社，1995，頁 93。

以過去和現實交錯出現，更增加哀思愁緒。〈火車牌手錶的幻影〉則是在旅途的空間場景之中，以抗戰時期記憶中的火車牌手錶和草鞋引發鄉愁：

> 坐在火車上看錶
>
> 想起三十年前那隻火車牌手錶
>
> ……
>
> 臉緊靠著車窗
>
> 　緊靠著記憶
>
> 原野要是以昔日的步子走來
>
> 　必穿著那雙芬芳的草鞋
>
> 　　草香中有血味
>
> 　　草心中有泥味
>
> 每個鞋印都留下土地的傷口
>
> 　　隨著歲月而深
>
> 　　　淚注入
>
> 　　便溢成滿目湖水
>
> 　　映著家鄉的月色
>
> 　　夜又不能不哭了[10]

緊靠著車窗，看著窗外廣大的原野，記憶中，在抗戰時穿著草鞋踏在故鄉泥土裡的歲月彷彿又回來了，鞋印留下的土地傷口隨時光的逝去而越來越深，注入遊子的眼淚，便如滿溢的湖水，淚眼望著同樣映照家鄉的月亮，無限的鄉愁湧上心頭。故鄉對人們的意義是因投入其間的歲月中，自己和相關人、事、物的牽扯與關連，故產生對過去的追憶和欲知故鄉變化的關切與懸念。羅門凝

10　引自羅門：《戰爭詩》，頁 58-61。

望故土，童年的回憶構成永恒的鄉愁，這種愛國思鄉的情懷自屈原、杜甫以來一直是中國文學常見的主題。

　　羅門詩中常見對回歸東方自然觀的追求，這種傳統是依循陶淵明而來，「悠然見南山」式的物我之觀照，使自我與萬物的生命在一瞬間產生脈動，趨於平靜和安寧，羅門在批判都市文明之時，常頌揚天人合一的境界，如〈曠野〉一詩中，勸人回歸大自然，和陶淵明〈歸去來兮〉中言：「田園將蕪，胡不歸。」有相同的理念。他說：

> 是河便自己去流
>
> 是湖便自己停下來
>
> 是風景便自己去明麗
>
> 是晝夜便自己去明暗
>
> 時間不在鐘錶裡
>
> 天空不在鳥籠中

晝夜的推移，山水的變化都是有一定的自然規律，一旦萬物都歸於其自己，時間和空間便不受人爲的限制。代表科技文明的鐘錶不能規範時光的流動，人造的鳥籠也無法收攏全部的自然山水。

> 　　讓所有的槍與箭　　埋在血堆裡
>
> 　　　　長成各種盆景
>
> 　　　美在歷史的臺階上
>
> 　你把四季的風景　　送入上帝的花園[11]

詩中展示人類的力量和自然永恒的力量相比，是如此的渺小，所有傲人的豐功偉業都逃不過時空無情的消磨，只能留下歷史的記錄。人花了無數的力氣去征服自然，但還是敵不過自然的力量。

---

[11]引自羅門：《自然詩》，臺北：文史哲出版社，1995，頁69。

　　李白是一位時空感十分強烈的詩人，他對宇宙萬物的觀察和超越現象界的靈視採用道、佛的冥想靈悟，由有限的存在轉向大化的創造過程中，如〈廬山東林寺夜懷〉：

> 我尋青蓮宇，獨往謝城闕。
>
> 霜清東林鐘，水白虎溪月。
>
> 天香生虛空，天樂鳴不歇。[12]
>
> 宴坐寂不動，大千入毫髮。
>
> 湛然冥真心，曠劫斷出沒。

不假理智的分析和判斷，將龐大的世界投入毫髮之中，並體會曠劫的出沒，經歷宇宙的創造，回顧天地原始的誕生，透過寧靜致遠的靈視力量而真實的體悟，只要有真如之心，便能作精神境界的過渡。將這首詩與羅門的〈窗〉[13]作一對照。

> 猛力一推　雙手如流
>
> 　總是千山萬水
>
> 　總是回不來的眼睛

由窗引向千山萬水，推破形體的限制，雙手如流是使精神脫離形體，飛向無限疆界的大自然，而有無比的心凝形釋舒暢之感：

> 遙望裡
>
> 你被望成千翼之鳥
>
> 棄天空而去　你已不在翅膀上
>
> 聆聽裡
>
> 你被聽成千孔之笛

---

12 唐宋詩醇引法藏碎金曰：靜勝境中有自然清氣，名曰天香；自然清意名曰天樂。參見瞿蛻園等校注：《李白集校注》，臺北：里仁書局，1980，頁 1349-150。

13 引自《自我、時空、死亡詩》，臺北：文史哲出版社，1995，頁 75。

　　音道深如望向往昔的凝目

此時精神已飛入高空，如千翼之鳥再也不需翅膀，精神的飛翔已自由自在，又如千孔之笛，精神聆聽大自然的呼喚，如凝望往昔的目光一般深邃。就道、禪而言，直感中已融入宇宙之中。但畢竟身為現代人的羅門與古代禪師不同，必須回到現實，並反應現實的感受，生存於都市的人們視野和心靈都被現實所限制，即使想推開窗往外奔逃，也逃脫不了現代人生存的困境。於是，「猛力一推／竟被反鎖在走不出去的透明裡。」這一新的體驗境界是站在不同於李白的時空位置上，去創造和他同中有異的具緣發性和悟知的詩境。

　　讀羅門的〈飛在雲上三萬呎高空讀詩看畫〉一詩，其中亦有王維〈漢江臨泛〉的相同詩心。王維詩云：

　　　楚塞三湘接，荊門九派通。

　　　江流天地外，山色有無中。

　　　郡邑浮前浦，波瀾動遠空。

　　　襄陽好風日，留醉與山翁。

此詩描寫在漢江之上泛舟，水勢浩瀚無邊，身在船上，感覺村落建築像是漂浮於水上，浪濤足以撼動遠空，其中「江流天地外，山色有無中」二句，空間的擴大至無窮；時間亦失去意義，見作者已進入宇宙本體，而使自我消失，將我與自然之間的隔離感剝除，這一剎那間便進入永恒。羅門〈飛在雲上三萬呎高空讀詩看畫〉云：

　　　在沒有終點站的混沌裡

　　　問時間　　春夏秋冬都在睡

　　　問空間　　東南西北都不在

　　　整個世界空在那裡

> 如果還要畫
>
> 誰的眼睛能是調色盤
>
> 誰的視線能是揮灑的線條
>
> 宇宙看看我
>
> 我看看宇宙
>
> 不畫
>
> 全是畫[14]

羅門飛在雲上三萬呎的高空中，看到宇宙和大自然永恒存在的景觀，只是從愛因斯坦的相對論而言，人被投入沒有座標的空中，失去方向和時間先後的認知感，故此一事實無物理學上的意義，但是就美學和道禪來說，這便是永恒，面對宇宙永恒存在的景觀人類是如此的渺小，自然的力量在整個世界盡情的揮灑，故不畫而全是畫。相異於王維的是：身處於現代的羅門面對與古代詩人不同的時空情境，如坐在飛機上失去時空感的經驗是古代詩人無法企及的，故王維直接由「第一自然」的山水田園進入，而得到與自然相渾的靈悟狀態。羅門則需經歷「第一自然」的山水田園與「第二自然」的人為科技對話後，才能得到無限的超越之境，這是與王維同中有異的詩心。

　　杜甫善於描述一瞬的流光，也能寫長遠的時間；既長於精密刻畫微小的空間，也能在廣闊的天地間揮洒，可令讀者神遊於無盡的宇宙與悠悠的歲月中。如〈旅夜書懷〉：

> 細草微風岸，危檣獨夜舟。
>
> 星垂平野闊，月湧大江流。
>
> 名豈文章著，官應老病休。

---

14 引自羅門：《自然詩》，臺北：文史哲出版社，1995，頁 81-82。

　　飄飄何所似，天地一沙鷗。

「細草微風岸」是詩人對景物細微的體察，「星垂平野闊，月湧
大江流」顯出垂掛星星的無盡夜空和遼闊的平原連成一片，滾滾
不絕的江流映照著月光，在天地廣大的空間之下，杜甫回憶自己
困頓不受重用的一生，飄泊孤獨但是卻清高自在，宛如天地間翱
翔的沙鷗。此處沙鷗與「危檣獨夜舟」的獨字相應[15]，更顯杜甫的
孤寂與堅持，而且在詩中亦能見立體的詩境，是具深廣的歷史感
和宇宙觀。詩中由屈原以來獨立不遷、舉世無朋的偉大孤獨者的
形象，也在後世的文學作品中重覆的出現，如陳子昂〈登幽州臺
歌〉：「前不見古人，後不見來者。」；陶淵明〈詠貧士〉其一：
「孤雲獨無依」；柳宗元〈江雪詩〉：「獨釣寒江雪」，一個個超
越的心靈擁抱整個孤寂的宇宙，相較羅門的〈觀海〉：

　　千里江河是你的手
　　握山頂的雪林野的花而來
　　帶來一路的風景
　　其中最美最耐看的
　　到後來都不是風景
　　而是開在你額上
　　那朵永不凋的空寂[16]

海收納千里江河而來，歷經一切的險阻，如同藝術家必須汲取古
今中外的藝術精華才能成就偉大的作品，而空寂孤獨是每一位偉
大的藝術家不可避免的命運，他們背負著苦難而照亮人類的精神
世界。能空才能容，能寂才能定，空寂來自禪境的頓悟，由此心

15　參見仇兆鰲注：《杜詩詳注》，臺北：里仁書局，1980，頁 1229-1230。
16　引自羅門：《自然詩》，頁 49-51。

靈便豐富起來而能獲知宇宙時空的真理。

　　中國詩人沒有時態變化的觀念，因為他們並不將欲表達的經驗狹限在某一個特定的時空，主客不分的存在現象使中國詩人能融入萬化之中。時態的觀念是人為的機械式加入存在現象裡，因中國空間觀具有多重的視點，所以每一個物象均有獨立性，形成共存並發的空間，詩中的空間是互立並存的，造成一種意境，使讀者移入其中並參與完成一瞬間的美感經驗。[17]如杜甫〈旅夜書懷〉：「星垂平野闊，月湧大江流。」當視點由進處移向遠方，垂掛星星的夜空和大地連成一片，形成廣闊的視野，月光投射在江流之上，光影波動，景物互動而相融，主客體合而為一，呈現杜甫開闊的人生視野。羅門的〈樹・鳥二重唱〉：「鳥睡去／天空以雲彩釀造她的春日／樹睡去／森林等待金屬的奔流破山而出」[18]，同樣是物象自在的演出，春日天空亮麗的雲彩、飛鳥和森林，這呈現感性材料的複合，構成主觀上的春意，使人調動各種審美的感官去感受春天的美。中國詩超脫了時間先後之因果律及空間單一視點概念，如同看電影時直接捕捉瞬間演變的視覺事象，使讀者由多重視點同時看到事情的全貌，並弭除時間的限制，直接進入詩人的心靈世界。因羅門承繼中國文學的優良傳統，使得他的詩不像早期的白話詩落入過於淺白而平面直抒，但是也不迷於西方反具象、反傳統的現代風，而一味追求晦澀，避開如葉嘉瑩所言：「白和晦是白話詩發展的兩大爭端與阻力。」[19]的危機

17　參見葉維廉：〈語法與表現—中國古典詩與英美現代詩美學的匯通〉，《比較詩學》，臺北：東大圖書公司，1988 二版，頁 27-55。

18　引自羅門：《自然詩》，頁 75-78。

19　引自葉嘉瑩：〈論杜甫七律之演進及其承先啓後之成就〉，《杜甫〈秋興〉八首集說》，臺北：桂冠圖書公司，1994，頁 69。

裡。深厚的中國文學的涵育，使羅門詩具有富足的內涵與能凝聚
讀者共鳴的美感張力。

第二節　西方文學時空觀的刺激

對自己三十年來的創作心路歷程，羅門曾以〈哥倫比亞太空
梭登月記——並追記三十年來創作的心路歷程〉這一首詩作了回
顧和總結：

　　將貝多芬的心房
　　　　　先點火
　　然後把世界放在火上
　　　　　射出去
　　那是一朵最美的形而上
　　馬拉美早就等在神秘的天空裡
　　以一個象徵的手勢
　　把它指引過去
　　一轉目夢也追不上
　　它已飛越阿拉貢的故鄉
　　　　　降落成一座月球[20]

貝多芬與太空梭的點火昇空結合，是指詩人在浪漫主義的推動
下，展開創作之旅，馬拉美是象徵主義的著名詩人，羅門在象徵
主義的指引下繼續他的詩歌創作，阿拉貢是超現實主義的大將，
羅門表明自己進入超現實主義的階段，在三十年的時光歷程中，
文學藝術與現代科技文明對應變化，而構成獨特的「第三自然」
美的空間，這首詩將自己創作的生涯作了準確的總結。

20　引自羅門：《羅門詩選》，頁304-305。

　　浪漫主義是在十八世紀末期醞釀，要透過善惡兼容並蓄的觀點，將理性時代的約束解脫，強調人的直覺理解，詩人藉想像力描繪感官無法察覺的事物，故重視物與我之間，超越時間和空間的意識融通，並創造美的形式來超越塵世的變幻，把形式當作溝通現象界和理念界的媒介。以渥滋華斯的寫作經驗為喻，在寧靜中閉目沉思，回憶體驗事物的情緒，如〈我像一朵雲遨遊〉一詩中，詩人化為一朵雲在天空鳥瞰，見水仙花在風中婆娑起舞。[21]羅門的〈曙光〉云：

> 在夢裡　一支金箭射開黎明的院門
>
> 你倚在天庭的白榕樹下
>
> 我雙手撩開你夜一般低垂的黑髮
>
> 盯住你美目流著的七色河上
>
> 太陽正搭著黃金的橋通入白晝的宮殿
>
> 你把華美的世界裝入藍玉與翡翠的圓盒[22]

愛人倚在白榕樹下，如夜般低垂的黑髮，如流著七色河的美目。以豐富的想像力將燦爛的色彩和樂音交織為一幅華麗的美景，在夢中，詩人與愛人在天堂相聚，如此黑夜便會結束，而曙光將會來臨。浪漫主義的詩歌為達超越之境，在詩中討論自然與心靈，本在與超越，感覺與想像，由其中體悟精神脫離物質的世界，達到無限與永恒。[23]

　　象徵主義的含義最狹隘的為十九世紀八、九十年代法國的一

---

21 參見蔡源煌：《從浪漫主義到後現代主義》，臺北：雅典出版社，1998 修訂八版，頁 3-12。

22 引自羅門：《素描與抒情詩》，頁 147-148。

23 參見蕭馳：〈中國傳統詩學中的超越與本在〉，《中國抒情傳統》，臺北：允晨文化事業公司，1999，頁 46。

個詩群，他們自稱爲象徵主義派；法國詩壇由波特萊爾至梵樂希以來的詩歌運動，稱爲象徵主義，是稍廣泛的含義；最廣義的解釋是指一切文學，一切時代使用象徵手法的象徵主義。象徵是不經思索的直觀，由心靈直接感應事理的順序，而不對外在的物質世界作邏輯的推理，現實的感知取決於主觀內在的融匯，以矇矓、神秘，如夢境的手法把意念聚集，呈現自我的心靈時空。馬拉美曾說：「試圖對現實加以名狀，就已毀去了它原來的面貌。」[24]故暗示就等於創造，象徵的性質近似原始基型，詩人在詩中提供線索而使讀者發揮聯想力，象徵的義涵不一定只靠一首詩便能知曉，須由作品通盤了解。如羅門的詩歌中，「光」象徵生命的存在和律動，〈光住的地方〉他說：

> 光沒有圍牆
>
> 光住的地方當然也沒有
>
> 燈屋只是一個露天的艙位
>
> 在時空之旅中
>
> 眼裡帶有畫廊
>
> 耳裡帶有音樂廳
>
> 什麼也不用帶了

音樂是屬於時間的藝術，而圖畫是屬於空間的藝術，在燈屋這個露天的艙位做時空之旅，只要擁有追求藝術的美感，便什麼都不用帶。詩人和藝術家的生命存在於無盡的想像和對美的追求當中，所以：

> 雙腳可舒放在水平線上
>
> 頭可高枕到星空裡去

---

24 參見胡品清編譯：《法蘭西詩選》，臺北：桂冠圖書公司，2000，頁 69。

把世界臥成遊雲

　　浮著光流而去

　　　　月是堤

　　　　日是岸

登步上去　　光就住在那裡[25]

羅門在燈屋中創作，盡情縱橫藝術的世界，尋求光的住處。詩與
藝術可傳達理念和真理，將時空凝固，達到生命的不朽。〈燈屋
的世界〉：

光以直線拉著眸子上天頂

　　　　去看尼采的心

光以拋物線牽著眸子入風景

　　　　去看鄧肯的舞

光以圓抱住眸子與天空

　　一同去看王維的詩[26]

光是生命的存在，如同宇宙的眼睛，帶著世界到處去發掘真理和
藝術。尼采的心鄧肯的舞、王維的詩都是不朽的詩與藝術。〈光
穿著黑色的睡衣〉：

紫羅蘭色的圓燈罩下　　　光流著

藍玉的圓空下　　　　　　光流著

邱吉爾的圓禮帽下　　　　光流著

唯有少女們旋動的花圓群下

　　那塊春日獵場　　　光是跳著的

---

25 引自羅門：〈光住的地方〉，《題外詩》，臺北：文史哲出版社，1995，
頁 47-48。

26 引自羅門：〈燈屋的世界〉，《題外詩》，頁 43-46。

　　而在圓形的墳蓋下　　連作為天堂支柱的牧師

　　也終日抱怨光穿著黑色的睡衣[27]

「羅蘭色的圓燈罩下」表示閱讀與寫作，象徵文明；「藍玉的圓空下」代表大自然；「邱吉爾的圓禮帽下」指社會的變革；「少女們旋動的花圓群下」象徵青春與愛情，「圓形的墳蓋下」則是死亡。人的生命在大自然文明及社會的進化中才能有發展和意義，而與生命存在和運動一樣，死亡也是自然的，生命是呈周而復始的循環。

　　象徵主義要求詩要超越語言，以小喻大，以具體指抽象，以有限寓無限，以瞬間含永恒，詩的形式粉碎了文法的關係和章句結構，字和字的關係非以讓讀者了解爲目的，只是求能引發感觸，字的結合不是以邏輯爲準，而是依感發和印象，所以產生了「自由詩」（Le vers libre）。「自由詩」是詩句長短不等，不照一般規則押韻，唯一的規則是任內心的情緒波動創作新韻，雖不是很正確，但只求和諧。如梵樂希(Paul Valery，1871-1945)將日常之事物形象所反映於思想中，而引起的漣漪變成一種詩意，再用象徵和譬喻表達而出，使之成爲純粹的詩，故他的詩可以領略每一行每一句，但合起來無法了解全部[28]，他曾指出美歸根結柢爲不可表達的，隱指不可言傳，不可描述。清楚而可理解，與某個意思相對應，都不能產生神奇的效果。

　　他的詩是思維與智性的產品，對宇宙萬象特別敏銳，並以此爲背景而向心靈界作深度的探索。他在故鄉的一個公墓旁，對死

27　引自《自我、時空、死亡詩》，頁 92。

28　參見謬塞、波特萊爾等著，莫渝編譯：《法國十九世紀詩選》，臺北：志文出版社，1979，頁 422-427。

亡、自我和永恒進行深入的探索，感慨人生的變化萬端，而寫成〈海邊的墳場〉（Le Cimetiere marin）。在海邊的背景裡，詩人把自己沉浸在擴大的宇宙內，空間由小而大，由現實而空幻，由地面而至穹蒼，由現實而至未知的世界。

> 時間的廟堂，概括在一聲嘆息裡，
> 在這純粹一刻中我爬登習慣於
> 圍繞在滿目海景的溜覽中；
> 而我給眾神崇高的獻禮
> 那寧靜閃耀的天才火花，孕育
> 在上天高倨的輕慢裡。
> 就如水果在品嚐中被吸收
> 就在美味欣悅中它已完成自我的融化
> 在嘴巴裡它的身體面臨死亡
> 同樣，如今我呼吸著我未來的空氣
> 而天空宣唱我融化的靈魂
> 變作天際岸邊的氣體。

如同水果在嘴巴裡融化而成為肉體的一部份，死亡並不是永恒生命的消逝。「如今我呼吸著我未來的空氣」，這種構思是對時間本質的一種覺知，過去的和未來的時間一定要以當下的時間為定點，將過去、現在和未來連起來，構成恒久的時空，這說明了宇宙產生萬物，其興衰的變遷。當梵樂希站在海邊的墳場，他對過去的感懷已加入對未來的擔憂，死亡在詩中不只是回憶也是預兆，詩人推想他的靈魂融化之時，眼前的存在和未來的去向合在一起。

> 就在這兒，未來怠惰下來
> 潔淨的昆蟲爬動乾土

一切都成灰燼，用罄、吸納在空氣內

到一個無以名之精確的精髓裡

生命在擴張，醉倒在缺席中…

而痛苦就是甜美，精神就是清明

死者隱然藏身在這片泥土裡

承受暖氣也讓它們的奧秘乾化

高聳天際的晌午，靜止的晌午

沉思自我，邀來自我之思…

圓滿的頭顱以及完美的冠冕

我就在你之內隱密地轉變當中。

　　個人的生命延續可以化爲宇宙間共同的精華，「頭顱」化爲天際的圓頂，已死的我轉移於其內，小我變化入大我之中，這種死亡不是消滅，而當是融合在大我之間，使生命更爲延續的元素，詩人將人類和宇宙間的時空關係點了出來，這種上下古今之間的串聯已跨越物理時空之限制，將心靈的藝術與美永恒化。[29]梵樂希的宇宙時空觀均超越肉體的限制，將過去、現在、未來的三種時空重疊，在一刹那間頓悟，以悟性分析生命的流動。對照羅門的〈麥堅利堡〉一詩，兩首詩均以獨特的象徵刻劃對自我的探索，並超脫個體生命的有限性，而與宇宙時空合一。麥堅利堡是紀念第二次世界大戰時，七萬名美軍在太平洋地區戰亡，美國人在馬尼拉市郊，以七萬座大理石十字架刻著死亡者的出生地和姓名，壯觀而淒涼的排列於空曠的綠地上。[30]這樣悲壯的情景深深撼動詩

29　參見蘇其康：〈宇宙視域的探索——李白、梵樂希、里爾克〉，《中外文學》，第 23 卷，第九期，1995，頁 99-103。

30　參見羅門：《麥堅利堡特輯》，臺北：文史哲出版社，1995，頁 5。

人的心，羅門安排史密斯、威廉斯代表七萬名陣亡的美軍官兵，
為爭取民主與自由而獻身，他們的尊嚴應獲得肯定。他說：

> 麥間利堡　鳥都不叫了　樹葉也怕動
> 凡是聲音　都會使這裡的靜默受擊出血
> 空間與空間絕緣　時間逃離鐘錶
> 這裡比灰暗的天地線還少說話　永恒無聲
> 美麗的無音房　死者的花園　活人的風景區
> 神來過　敬仰來過　汽車與都市也都來過
> 而史密斯　威廉斯　你們是不來也不去了
> 靜止如取下擺心的錶面　看不清歲月的臉
> 在日光的夜裡　星滅的晚上
> 你們的盲睛不分季節地睡著
> 睡醒了一個死不透的世界
> 睡熟了麥堅利堡綠得格外憂鬱的草場
> 死神將聖品擠滿在嘶喊的大理石上
> 給昇滿的星條旗看　給不朽看　給雲看
> 麥堅利堡是浪花已塑成碑林的陸上太平洋
> 一幅悲天泣地的大浮雕　掛入死亡最黑的背景
> 七萬個故事焚毀於白色不安的顫慄
> 史密斯　威廉斯　當落日燒紅紅滿野芒果林於昏暮
> 神都將急急離去　星也落盡
> 你們是哪裡也不去了
> 太平洋陰森的海底是沒有門的

　　當莊嚴的麥堅利堡成為活人的風景區，汽車與都市都到此一
遊，我們應深入審思戰爭對人類的意義，麥堅利堡的創作是緊握
戰爭的悲劇本質，由時空交感的顫慄中探索自我、死亡與永恒，

尋求人類的生存價值。整部歷史是時間和空間交纏運行的歷程，時間因空間的限制而凝定某一剎那，空間則隨時間之流逝而顯示意義，「麥堅利堡是浪花已塑成碑林的陸上太平洋」是一幅不朽的大浮雕，這種時空的凍結象徵七萬個原本生動活潑的故事焚燬在一瞬間，壯士們哪裡也不能去了，這種死滅帶來的顫慄籠罩在麥間利堡的落日餘輝中，也壓沉了讀者的心。羅門對詩有宗教般的狂熱，他的詩觀也是超然的，使一切屬於精神性的美在其活動中凝聚且超升，成為一種純然的本質存在，使人類的內心達於完美存在的頂點，將悲劇性的痛感導引、昇華至某種超越性的精神層次，個體的生命化為永恆，「人對自我的選擇與探索是這首詩獨特的審美意旨。」[31]

　　現代主義的起始大約在十九世紀末年，持續至 1965 年左右，其間經歷兩次世界大戰。人類的價值觀和精神世界完全被摧毀，對於客觀外在的改變，迫使人們加速認識自我，並作出新的抉擇。尼采(Friedrich　Nietzsche，1844-1900)的非理性主義和佛洛依德(Freud，1865-1936)精神分析學的出現，正好提供不同角度的思索方向。尼采宣佈「上帝已死」，認為：宇宙是非理性的，而人可權力意志來肯定自己的生命。佛洛依德則指出無意識的概念，在原始的無意識中，各種貪求的慾望和驅力（Drive）－－本我，與良心－－超我（Superego）相互衝突，而自我則居中協調。佛洛依德看出個人需求和社會需求間悲劇性的衝突。[32]試圖尋找心理學的解決良方，此外，現代唯心主義哲學，如存在主義和柏格森

31　引自俞兆平：〈歷史的悖論，悲劇的趨升－－麥堅利堡論〉，收於蔡源煌
　　等著：《門羅天下》，臺北：文史哲出版社，1991，頁 512。

32　參見史壯柏格（Roland N Stromberg）著　蔡伸章譯：《近代西方思想史》，
　　臺北：桂冠圖書公司 1993，頁 581-591。

(Bergson Henri1859-1941) 的心理時間、直覺主義，都是現代主義文藝觀的基礎。廣義而言，現代主義是指文學、繪畫、雕刻、建築等一切藝術創作對現代性(Modernity)的反應，是二十世紀諸多文學流派的總稱。包括未來主義、超現實主義、後期象徵主義、表現主義[33]、意識流[34]、存在主義文學等，表現反傳統的精神，文

---

[33] 未來主義以否定一切為特徵，在文化上主張摧毀文明的成果，創造未來的藝術，光怪陸離的現實已破壞被舊有時空框定的真實，故應以直覺和潛意識排除理性的體驗和想像。以馬佐馬里內蒂 (Filppo Tommaso Marinetti，1876-1944) 為代表人物。

超現實主義源於法國，受佛洛依德影響，追求現實和夢幻的結合，不受任何理性的干預，只有潛意識是未受干擾的純粹精神，故提倡寫夢和自動寫作法，徹底衝破文學的藩籬。阿拉貢(Louis Aragon，1897-1983)是超現實主義的主將。

後期象徵主義是承繼十九世紀末象徵主義而發展，在二十世紀 20 年代掀起一陣高潮，主要作家有里爾克(Rainer Maria Rilke，1875-1926)、艾略特、葉慈(William Butler Yeats，1865-1939)等，主張尋找思想的客觀對應物，以可感的形式體現抽象的理念，超越個人的生活空間與情感，反應整個現代社會的精神面貌。

表現主義源於二十世紀德國的繪畫，後來擴展至音樂和文學，反對客觀再現，強調主觀表現，以誇張、扭曲、變形的手法突出主觀的感受，最傑出的代表為卡夫卡。以上均參見李明濱等著，黃晉凱主編：《西洋文學導讀》，臺北：昭明出版社，2000，頁 565--573。

[34] 意識流原是心理學術語，認為人的意識是一片無法切割的川流，意識流作家以人在空間中是有限，而在時間中是無限的；客觀世界是有限的，心理時間是無限的，所以讓作家本身退出作品，以敘述者的角度取代，以求逼真，淡化情節，直接表現人物的精神世界，意識活動對物理時間和空間的突破，故改變傳統小說的敘述方法，空間隨意識不斷變換，失去獨立性，意識和潛意識交織，而依心理時間呈現出來，過去和現在的經驗同置於一個時間裡，故意識流手法的特徵是時空錯亂。參見賴干堅：《西方現代派小說概論》，福建省：廈門大學出版社，1995，頁 86-87。

學、藝術和現代審美意識配合，以創新和多變的手法拓展視野，並提供多層次、多角度認識自我和世界的可能。

　　五〇年代西方現代主義文學思潮大舉進入臺灣，時當國民政府處於戰敗撤退，政治孤立不安之中，對歐美文學思潮有極大影響力的存在主義的哲學和文學作品即被臺灣社會所接受，沙特(Jean Paul Sartre，1905-1980)卡謬(Albert Camus，1913-1960)卡夫卡(Franz Kafka，1883-1924)的作品都十分受到歡迎，因為如羅門所言：

> 卡謬精神的偉大面，正是因他超越了傳統道德的尺度與價值，發現了新的價值，使他的作品中的人物在現代新的審美觀與新的觀物態度下，發生具有籠罩性的力量與顫慄感……大量都市文明使靈魂麻醉，而物慾橫流，帶有悲劇性的現代虛無精神，這一悲觀與樂觀的更高精神層次確已成為現代藝術家與現代詩人仰視的目標與注視的焦點，現代藝術已由讚美田園的寧靜，如意的希望與理想，轉向揭發人內在的動亂與虛空，而成為追擊人的真實精神力量，現代的詩人或藝術家若能把握這一個新的精神活動面，便能創造不凡的佳作。[35]

如沙特的獨幕劇〈地獄就是他人〉：一男二女的有罪鬼魂被關在封閉的密室，形成獨特的時空，在這裡電燈是不滅的，鬼魂也不須睡眠，每個人都以目光注視他人的一舉一動，自己也成為別人窺視的目標，鬼魂想隱瞞自己的罪行，所以別人的目光是真正的刑具和劊子手。羅門的〈都市‧方形的存在〉一詩也對現代人生

---

[35]參見羅門：〈現代人的悲劇精神與現代詩人〉，《羅門論文集》，頁68。

存的時空作出哲理的探討：

　　　　　天空溺死在方形的市井裡
　　　　　山水枯死在方形的鋁窗外
　　　　　眼睛該怎麼辦呢

　　　　　眼睛從車裡
　　　　　　方形的窗
　　　　　　　看出去
　　　　　立即被高樓一排排
　　　　　　　　方形的窗
　　　　　　　　　看回來……

　　　　　眼睛看不出去
　　　　　窗又一個個瞎在
　　　　　　　方形的牆上
　　　　　便只好在餐桌上
　　　　　　在麻將桌上
　　　　　　　找方形的窗
　　　　　找來找去　　最後
　　　　　　全都從電視機
　　　　　　方形的窗裡
　　　　　　　　　逃走[36]

生活在都市裡的現代人，天空和原野都被象徵禁錮的方形吞噬
了，「眼睛」在詩中可看作精神的靈視，在窘迫的生存環境裡，

---

[36]引自羅門：《都市詩》，臺北：文史哲出版社，1995，頁82-83。

每個人的眼睛看不出去，只好窺伺著他人，也無時無刻不在別人的目光下生活，扭曲的人際關係下，找不到出路的人們只好在娛樂中麻痺自己的靈魂，但終究也逃不出方形的束縛。羅門如同沙特一針見血的道出時代混亂的主因，並堅持將生命透過詩和藝術，由空無中提昇至實有的位置。

二十世紀初因科技文明劇烈變革，而帶來現代主義思潮時間與空間的新概念，新交通工具的發明使得生存速度增快，而空間距離縮小，現代人在急迫的分秒之中，被壓縮在高度都市化的環境裡，造成時間和空間觀的混亂，現代詩人為了掙脫這種困境，使有限而封閉的現實打開出口，讓內在精神得到無限的超越，便由抽象及超現實的朝內性藝術精神的活動，發現更美好充實的創作泉源。[37]現代主義的美學理念是將流逝的時間通過空間化而凝固，達到永恒，象徵主義和超現實主義都是探索內在的意識世界，羅門從理論、詩歌創作及各類藝術將現代主義的美學理念完全的發揮，建構「第三自然」永恒的時空。

第三節　各類藝術時空觀的影響

音樂與現代視覺藝術對羅門詩有極深的影響，詩人和藝術家的心感世界是相通的，藝術與詩在創作上有彼此映照呼應之處，都屬於抽象的藝術形式，自構一個世界，引人精神飛揚，超入幻美。羅門說：音樂是詩人心靈的老管家，而且音樂是詩語言的呼吸，呼吸不順暢，詩的生命便沮滯而癱瘓，[38]應使語言在活動中具備優美的音律和節奏。現代視覺藝術是描寫藝術家由自然所得之

---

[37]參見羅門：〈現代詩的精神特質〉，《羅門論文集》，頁 79-81。
[38]參見羅門：〈打開我詩創作世界的五扇門〉，《羅門論文集》，頁 14。

感受，並投射至具體的造型上，藝術家主觀的真實是模擬觀念本身，也就是表達意念，與柏拉圖主張模擬客觀（即自然）不同，故被感受的事物簡化，只剩線條組合的幾何結構及單色色調，趨向抽象的符號藝術，如同羅門詩語言經精鍊與凝聚，使意念、思想的表現單純而圓滿。

一、音樂是時間的藝術

　　《樂記・樂篇》言：「詩言其志也，歌詠其聲也，舞動其容也，三者皆本於心。」故由《詩經》、《楚辭》以來，詩與音樂如影隨形。《詩經》十五國風是各地的民歌；大雅、小雅是宮殿宴飲之樂；三頌是祭祀天地祖先的樂曲。《楚辭》的〈九歌〉更是民間祭神之樂組合而成的篇章，漢魏六朝的樂府更需和樂而歌，唐詩、宋詞、元曲均與音樂關係密切，中國的古典詩詞可說同時具備視覺美與聽覺美。詩自周朝以來，本來即指起源於配樂歌唱，而發展爲音樂性的語言，可直抒情緒，亦能稱爲樂詩的作品。音樂和詩的性質相似，在時間綿延中最易見出，除了詩人的情意感發和律動形成內在韻律外，語言表現的音樂美可借聲音節奏、音調的和諧和押韻來彰顯其功用。無論中外，詩皆可被之管絃以供吟唱，法國象徵派詩人魏爾侖說：「詩是音樂，其聲調需要和諧，並由此和諧的聲調織成一曲交響樂。」音樂訴諸於人內心直覺的共鳴和豐富的想像，而非來自於理性，尼采認爲：德國的力量由音樂而來，是從巴哈、貝多芬到華格納的偉大光輝歷程，音樂中原始奔放的力量是文化的產物，也是人自然本性的體現，尼采心中最美最好的一切均與音樂相聯繫。[39]

---

[39] 參見楊桓達：《尼采美學思想》，北京：中國人民大學出版社，1997 二版，頁 29-30。

　　羅門受尼采薰染，亦注重詩心的音樂性和詩語言的節奏。如艾略特的〈四首四重奏〉描寫一個人皈依宗教之後的精神歷程。以音樂的結構，奏鳴曲的形式，每首含五個樂章，在廣闊空間的象徵中討論時間，在時間中尋求人的價值，並思考人類的命運，而得到永恆而普遍的真理。羅門〈第九日的底流〉借音樂作自我生命的反省，與現實功利隔絕，由一個更高的角度觀看生活，而使生命意識昇華，與〈四首四重奏〉有異曲同工之妙。在〈第九日的底流〉[40]這首長詩中，羅門以深刻的筆調描繪貝多芬的交響樂觸及詩人冥想的心靈，故他說：「樂聖是我的老管家。」對詩與藝術世界的崇拜，羅門視如宗教般的神聖，當貝多芬的古典樂由唱片迴旋而出，滌淨靈魂的藝術時空便在緊閉的室內形成：

> 鑽石針劃出螺旋塔
>
> 所有的建築物都自目中離去
>
> 螺旋塔昇成天空的支柱
>
> 高遠以無限的藍引領
>
> 渾圓與單純忙於美的造型

當唱針轉出貝多芬的交響曲，整個空間轉出象徵永恆的螺旋塔造型，而成為天空的支柱，與天堂接壤，詩句配合第九交響曲的旋律，在航程進入第九日，慢慢奏出靈魂上昇之歌。「世界便沉靜如你的凝目／遠遠地連接住天國的走廊」，音樂可使靈魂與天堂連接，「聽車音走近／車聲去遠／車聲去遠」，在寂靜中叩出聲響，而逐漸消失於遠方，餘韻不絕。

二、視覺藝術是空間的藝術

---

[40]引自《自我、時空、死亡詩》，頁 42-52。

感受空間除了因時間因素而造成的運動之外，也能以視覺直接獲得，視覺空間是由日常生活經驗累積而來，但是腦中浮現的虛擬空間往往是藝術家靈感的來源，繪畫、雕塑、裝置藝術、建築、網路、電影、雷射光帶給現代人完全不同以往的時空感受。現代藝術有寫實主義（Realism）、表現主義（Expressionism）、立體主義（Cubism）、抽象主義（Abstraction）和超現實主義（Surrealism）幾個階段，在現代哲學中，「虛無」是起點，而使藝術家立刻脫離寫實的表現，形成一種符號邏輯。現代美術之父塞尚（Paul Cezanne，1839-1906），在他的畫裡沒有絕對的主體，模特兒與周圍的空間一樣的重要，即重視存在物的本質，打破傳統西方三度空間的繪畫觀念。羅門詩提出運用現代視覺藝術家在空間感的卓越之處，以提高詩的品質，並以五個質點作為觀照[41]，吸取視覺藝術的優點溶入現代詩的創作。

立體主義使時空呈三百六十度的旋轉，使視點隨著移動而建立多層面的立體空間。畢卡索（Pablo Picasso，1881-1973）在 1907 創立立體主義，第一張作品是「亞維農的少女」，將描繪的對象打碎，再依繪畫對色彩、平面和體塊的構成要求重新組合，對象的本來形象不再可辨識，後來的立體派畫家則由抽象的各種原素出發，達成一個物象。傳統的繪畫是散文講求描述，而立體派則是以詩的方式讓元素直接呈現自覺的組合。在羅門詩裡，景物的

---

[41] 五個質點：第一個質點是大師畢卡索的空間掃描與立體表現觀念；第二個質點是雕塑大師加克美蒂作品中的壓縮凝聚與冷斂美；第三個質點是雕塑大師布朗庫斯作品中的單純美；第四個質點是抽象大師康丁斯基作品中呈現的律動美；第五個質點是雕塑大師康利摩爾作品中的圓渾感，以此五個質點作為察驗語言結構的基本能力。參見羅門：〈打開我詩創作世界的五扇門〉，《羅門論文集》，頁 27-30。

立體美感蘊含作家觀照生命的智慧，〈一個美麗的形而上〉云：
「飛機已是一座真的空中樓閣／造在無物可及的空闊裡」[42]，無垠
的 N 度時空使詩人的心靈受到無比的震撼；〈大峽谷奏鳴曲〉云：
「千萬座深淵在這裡沉落／無數向下的↓↓↓追著死亡」，[43]這種
壓迫性的視覺移動可知大峽谷的深度。立體的詩境排除平面與淺
薄，傳遞詩人對物象的理念。

　　康丁斯基（Wassily Kandinsky，1866-1944）在 1910 發展抽象
主義，以直覺和想像讓色彩成爲幫助回憶情節的手段，把形式美
的精靈釋放出來，使它們自己唱歌，通過這些激情的色彩，找尋
精神的象徵，使其作品充滿音樂的律動美。[44]康丁斯基認爲色彩如
同音樂具有精細的本質，可喚醒靈魂深處美妙的震動，許多抽象
主義的先驅都以音樂爲典範，音樂的類比使康丁斯基放棄具象，
而朝向完全抽象的路走。[45]詩的形成如同抽象畫，將線形語言的陳
述打碎，突顯詩人的感受與理念，成爲獨特的詩語言，在彈性的
跳躍和省略之間，使讀者有自由想像的時空，韻律節奏呈現的音
樂性是詩的呼吸，表達情緒的起伏，詩字句的整齊、段落的反復、
輕重音的規律交錯，吟詠則能顯出節奏感和音樂性。羅門詩強烈
的節奏感有整齊的美，能在一致裡造成和諧，也能在參差中構成
變化的錯綜美，如〈過三峽〉整齊中有錯綜：

　　　　大江南北
　　　　源遠流長

---

[42]引自羅門：《自然詩》，頁 83。

[43]引自羅門：《自然詩》，頁 87。

[44]參見甄巍：《現代美術》，香港：三聯書店，2001，頁 79-80。

[45]參見 Anna　Moszynska著，黃麗絹譯：《抽象藝術》，臺北：遠流出版事業
　　公司，1999，頁 33-39。

平面看 　都是畫

　立體看 　都是雕塑

屬於眼睛的 　都由相機運回去

屬於心的 　便由詩來運轉[46]

至於迴旋的美，能在重覆中強化情韻：如〈都市的旋律〉：

綠燈亮

紅燈閃

車來車去

　車擠車

人來人去

　人擠人

快快快

快入快車道

慢慢慢

慢入斑馬線

攢攢攢

攢入地下道[47]

此詩不但具迴旋的美且在一句之中平仄分布均勻，輕重中造成起伏的抑揚美。

　　另一位抽象大師蒙特里安（Piet Mondrian，1872-1944）思考世界的本質和意義，主張擺脫自己主觀的意識，探求宇宙的真理，使理性與感性統一。東方式的宇宙哲學使他的構圖簡潔且平衡，

---

[46]引自羅門：《自然詩》，頁 158。

[47]引自羅門：《都市詩》，頁 78。

他的繪畫元素是紅、黃、藍、白、黑和矩形[48]。對大自然雄偉而永恒的存在，羅門與蒙特里安的態度是一致的，把宇宙萬物轉成本質結構的傳達。雕塑家布朗庫西（Constantin Brancusi，1876-1957）的作品經由抽象達到事物的本質，抑制明顯的細節，專注於物體的特定形象，在簡化中構築完美。羅門認為：語言必須排除蕪雜與平庸，呈現明澈的精純感，如水晶、玉璞般的潔度，這種看法是應用布朗庫西的雕塑觀念。

　　克利（Paul Klee1879-1944）和米羅（Joan Miro1893-1983）都擅於創造形象符號，很像兒童畫或原始的繪畫，米羅畫中的背景如中國畫般處理成虛空，使畫中的物象與空白結合，表現流動虛靈的節奏，如商周鐘鼎上刻的星雲鳥獸的花紋，有深沉的神秘性。米羅的神話世界中，在虛空背景中出現的物象是沒有時空的區別和限制的，最常出現的造型是鳥和女體，這是生命最原初的基形，鳥象徵精神的自由；女體則是孕育萬物的來源，亦可視為大地。羅門的〈樹‧鳥二重唱〉說：

> 凡是直立的　都由樹開始
> 凡是飛翔的　都由鳥開始
> ……
> 樹是被太陽從老遠老遠射來的
> 　　　一枝標槍
> 　　　著地而立
> 　竟是一支高出仰望的旗桿
> 鳥將天空飛成一面壯麗的旗

---

[48]參見甄巍：《現代美術》，頁82-83。

隨風飄盪[49]

原始的林木與飛翔的鳥均可視為生命的來源，樹在空間之中如標槍聳立；鳥則飛翔於天空，形成壯麗的情景。米羅的世界也以女體與鳥珍藏著最本真而自覺的創作力，藝術與生命相通，故藝術家所見略同。

　　所有人類的神話、童話、寓言都有超現實的成份，沒有理性的約束和邏輯的限制，超現實是依現實而來，故視覺上並不抽象。超現實主義在 1924 年由布荷東（Andre Breton）提出，認同愛因斯坦的相對論，但時間和空間可以扭曲變形，透過創作者主觀的想像力而建築的時空，顛覆既定的秩序而揭示內藏的真理，並以此震撼觀眾而進行反省，如達利的「虛無時間」鐘錶像蠟般的融化，代表變形癱瘓的時間。超現實主義在畫作中有幾項特色，羅門在詩中亦予以應用：

（一）　反轉時空

　　讓人分不清楚哪一個才是合理的時空，脫離傳統的意識表現，個人的想像在時空中自由穿梭，如〈幻象的鬥牛士〉一圖，在大小不同的維納斯雕像間浮現一名鬥牛士的幻象，重疊在古代與現代之間。羅門詩〈週末旅途事件〉：

> 什錦火鍋上來時
> 世界還會在戰火上嗎
> 邊吃邊看的服裝秀
> 如何去認出炸彈
> 　開花的原野[50]

---

[49]引自羅門：《自然詩》，頁 75-78。
[50]引自羅門：《戰爭詩》，頁 80-82。

使過去和現在的情景不著痕跡的交織在一起，現在吃著什錦火鍋的愉悅情景交織著過去身處戰火中的恐懼狀態，現在服裝秀花俏的演出穿插著過去戰爭炸彈開花的原野，在重疊對比中，時代的悲劇所造成的戰爭恐懼與離恨鄉愁給予讀者強烈的心靈震撼。

（二） 把不同性質的物體拼貼在一起

1916 年達達運動（Dada）放棄規律的過程，而運用各種素材隨意的拼貼構圖，這種觀念後來爲超現實主義者所採用。達利曾拍了一部電影〈安達魯之犬〉以夢作影象的基礎，用電影剪接（Montage）即蒙太奇[51]的手法組合，羅門詩有許多並不依靠客觀情節粘合詩意，而將外表無關連的物象作蒙太奇式的並列處理，由讀者參與其間，以自己的聯想完成詩意。如〈曠野〉：

當第一根樁打下來
世界便順著你的裂痕
　　在紊亂的方向裡逃

風裡有各種旗的投影
雨裡有各種流彈的投影
河裡有各種血的投影
湖裡有各種傷口的投影
山峰有各種墳的投影
樹林有各種鐵絲網的投影
峭壁有各種圍牆的投影[52]

---

[51]蒙太奇來源於法文建築學上的一個術語，本意是構成和裝配，後借用爲電影藝術中說明鏡頭組接與剪輯的技巧。
[52]引自羅門：《自然詩》，頁 68-69。

當人爲的科技文明如一根樁打向大地，「第一自然」的世界便產
生裂痕，人類以各種方式重創自然，風裡、雨裡、河裡、湖裡、
山峰、樹林、峭壁都有人類爲自己的方便或利益而損害自然的痕
跡。這些並列的蒙太奇組合意象可使讀者運用想像力，補足完整
的詩意，甚而擴充詩句的內蘊。

（三） 比例差異極大或矛盾的物體放置在一起

達利的〈二塊麵包正在表達愛的感情〉，將遺落在巨大荒原
上的兩塊小乾麵包作了特寫，賦予生命，讓它們彼此依靠憐惜，
大片荒原和兩塊麵包的強烈對比表現震撼的孤寂之感。羅門〈都
市與粽子〉一詩中說：

> 正在吃粽子
>
> 一顆落日淙的一聲
>
> 　　　　掉下去
>
> 回聲若來自汨羅江
>
> 粽子的味道
>
> 便會格外的鹹起來
>
> 是誰在江水中加進了淚[53]

粽子與落日；粽子的鹹味與江水中的眼淚都是種類不同，比例差
距極大的事物，屈原的死如同太陽的隕落，江中滴落的是世世代
代儒士孤寂的眼淚，詩人運用想像力巧妙的把它們同粽子的意象
結合起來，並造成視覺上的震撼，藉此深切傳達懷古傷今的情感
及對屈原的痛惜。

雕塑與建築一樣都是三度空間的藝術，亨利摩爾（Henry
Moore，1898-1986）認爲事物之內有一種精神的本質，實際存在

---

53 引自羅門：《都市詩》，頁 128。

的形態上只顯露出一部分，這是因時間和空間巧合的情況下而顯露出來，所以雕塑如同生命一樣是流動的，不需要完整，他的作品中往往出現空洞，像一塊石頭、一根草，坐臥天地之間，以天然形體的造型使雕塑彷彿是環境的一部分。本質的生命體是常見的形象，如男人、女人、大人、小孩，[54]由其中抽離出造型。他認爲雕塑不在於模仿自然，而是表現生命的意義，激發生活的衝勁。羅門在〈大峽谷奏鳴曲——詩與藝術守望的世界〉中說：

> 當你開口說痛
>
> 所有無形有形的
>
> > 大小傷口
>
> 都跑來
>
> 也說不盡
>
> 最後都說成
>
> 亨利摩爾雕刀下
>
> > 一個個奔馳在旅途上的
>
> > > 車窗[55]

如同亨利摩爾的雕塑，將傷口轉化爲瞭望生命與風景的窗口，呈現圓融和完整，詩語言也要避免破碎，使之具圓渾與穩妥之態。

　　將現代藝術推至最高峰便是一種符號邏輯，突破時間與空間永恒不朽，中國與西方的藝術本質就完全能溝通。據筆者在燈屋採訪羅門，針對此一問題，他說：「『五月』與『東方』畫會接受西方現代藝術思潮，而第一次對中國山水畫加以革命，張永村與林壽宇的異度空間概念更是使繪畫突破畫框的限制，而溢至畫

---

[54]參見甄巍：《現代美術》，頁 122-123。

[55]引自羅門：《自然詩》，頁 95。

框外的空間，超度空間概念再進一步表達藝術無限的言外之意，經過東西方的對話，呈現而出的大自然意境的符號，含有東方老莊哲學的凝定和西方的美學思維，可表達生命原初的面目。」以文字語言來呈現此種意境便是羅門詩的精神。現代藝術除了由該媒體可表現的性能去感受之外，還應由其他媒體的表現角度去欣賞，溝通媒體間互相認同的質素，才能了解全體藝術活動的內涵。[56]有些畫或雕塑是打破時間定時、空間定位的慣性，而進入如詩般的時空活動感中，而所謂的具象詩或圖象詩，則可視爲畫或雕塑來欣賞。因爲詩是包括聲音和視覺符號的文字，兼有時間藝術——音樂、空間藝術——繪畫和雕塑之所長，把詩行作圖形排列，引起視覺的美感和意義，且又能吟誦，圖象詩綜合時間與空間藝術的特色。[57]具創新性的藝術家或詩人知道藝術的生命有賴於形式不斷的變化，不能依據個人的經驗和識見而侷限一隅，羅門吸收各類藝術的精華，轉而開拓詩的精神領域和語言技巧，確使其詩能奔往無限和深廣的內在生命。

第四節　羅門獨創完美之時空境界

——「前進中的永恒」

當形式在自然中被發現，就轉移到藝術的造型範圍中，如：

56　一種媒體欲超越本身的表現性能,而進入另一種媒體的表現狀態，源出於德國美學用語 Andersstreben，錢鍾書稱之爲「出位之思」。參見葉維廉：〈「出位之思」：媒體及超媒體的美學〉，《比較詩學》，臺北：東大圖書公司，1988 二版，頁 195-197。

57　張漢良：〈論臺灣的具體詩〉，《新詩批評》，臺北；正中書局，1993，頁 88-92。

有機體的生命產生球狀、螺旋狀、星狀和彎曲狀，當這些形狀侵入特定的藝術空間，它們便獲得一種全新的價值，引出一種全新的境界。藝術家作品可以發現種種取之於自然的形式，而且是以藝術家自己的風格予以變化和更新。[58]在筆者與詩人的訪談中，羅門認為他所獨創完美的時空境界——「前進中的永恒」是探索生命的現象，可與超度空間的概念相映照。羅門以西方藝術精確的立體組合概念與東方渾厚的自然觀相融合，將抽象的意念轉化為具體的造型，並提昇至純粹、絕對的線條，以此來說明人類如何由生存的「第一自然」（即日月星辰、江河大海、花樹鳥獸形成的大自然）與「第二自然」（即人為的現代都市環境）兩類生存的現實空間，將心靈世界超越至「第三自然」（即詩與藝術的無限廣闊時空）。詩人與藝術家脫離實用與意志的思考，以直覺觀察萬事萬象，深入體認生命的本質，物象和人的情思往復迴流；感受深層的人生境界，把自我隔離開來，審視孤立而絕緣的美感意識；經過心靈的轉化，使用想像把感受創造出來；再昇華進入無限永恒時空詩與藝術的世界，同時具有持續性，不斷轉化任何時代的存在與變化，這種現代感的特性使第三自然所形成的王國能延續以往的人類文明，並進入未來無限開放的多元空間。

　　圓形以為基底，代表「第一自然」的週而復始，生生不息與萬化合而為一的宇宙觀。圓是日月星辰的天文造型，也是宇宙運轉迴旋的精神象徵，在中國以農業為主，萬物榮衰、四時循環如圓形之週轉，流利純美的生命節奏永不停歇，故中國人的宇宙觀是渾融而圓滿的，西方人與天抗爭的悲劇精神在中國較為少見。

58　參見 Sir Herdert Read 著孫旗譯：《現代藝術哲學》，臺北：東大圖書公司，1989 二版，頁 257-259。

三角形代表「第二自然」向上直衝，永不回頭，如：尼采與神對抗的超越精神，向上刺入世界的頂端。方形與長方形張望著古往今來，宇宙萬物的生滅興衰。當三角形與方形吞噬了圓形，西方科技文明便站了上風，並帶來生存的焦慮和空虛，於是人類醒悟而逐漸重視心靈的需求，圓形便將三角形和方形包融起來，轉化與昇華迴旋的圓形和直立的三角形，這種矗立於 N 度空間的造型，再加上為追尋現代感，注意時間的存在和變化，上一秒與下一秒相連貫，形成不斷向上盤旋的三百六十度螺旋形立體時空架構。螺旋形統合圓形和三角形，向上突破後又重向 N 度空間展現新圓，再又向上突破，是羅門所謂「前進中的永恒」，可以容納古、今、中、外各種時空範疇的景象與材料，螺旋形架構旋轉至頂端，即無限超越的第三自然，是詩與藝術的心靈世界，第三自然螺旋形架構有時間和空間造型的統化力，一種超越而不朽的存在。這種多元組合的立體時空架構將不同時代與地區的文化巧妙的結合起來，而訴說同一旨向，詩人對特定時空的審美體驗與獨特的藝術表現，提昇詩至普遍而典型的情境，超越小我，使詩和全人類連繫起來。可用羅門的一首企圖跨時空、跨國界、跨文化並超越藝術流派，以世界觀和後現代（Postmodern）解構理念寫成的〈大峽谷奏鳴曲——詩與藝術守望的世界〉作為印證：大峽谷是自然界畫下的一道線；萬里長城是人間畫下的一道線；天地線是宇宙畫下的一道線，「這三條線／握在你手中／已是三條最長的鞭子／地球要凹到底／凸到頂／去到 0／都真的是鞭長可及了」，大峽谷是屬於「第一自然」山水的線；萬里長城是代表「第二自然」人類文明的線；天地線則是「第三自然」屬於永恒的線，這三條線握在手中，便能掌握多元立體的螺旋型創作觀。

　　你將無數剛柔的

　　　　　疊層與色面

　　　建架入絢麗雄偉的型構

　　　水墨流過

　　　便是東方的山水畫

　　　幾何圖形進來

　　　便是西方的立體造型

　　　如果流過谷底的科羅拉多河

　　　　　　　　　　是絃線

　　　裝在二胡與小提琴上

　　　　都一樣拉出最原始的

　　　　　　　　音色

　　　　　　　　音階

　　　　　　　與回響

　　　世界便好看好聽的

　　　　　　拉在一起了

當代的文化由於時代的變遷，必須含容多元，各國文化雜陳的現
象比比皆是，如現代餐廳的佈置，古今混合；東西並陳，故後現
代文學或藝術的感知便是支離破碎的（hallucinogenic）。西方至
1960 年後，文學上有後現代的風格的作品出現，可見鑲進詩歌裡
東拼西湊的意象並列，歷史感消失。在此詩中，無論惠特曼和柳
宗元；東方的水墨山水畫、西方的幾何立體造型；二胡和小提琴；
自然和都市，在後現代主義解構後拼湊下，都能呈現世界好看好
聽的樣子。

　　　大峽谷你垂直的視線

　　　同地球的軸直在一起

　　　下端頂著地

　　上端頂著天

　　只要跟著地球轉

　　無數變化的圓面

　　便在時空的縱向與橫向裡

　　旋成停不下來的螺旋塔

　　所有的眼睛都在塔上

　　　看前進中的永恒

　　　　往哪裡走[59]

螺旋塔型思維方式矗立在時空之間，旋轉中，詩人豐富的內心世界與繁複的外在事象統合，小我與全人類合而為一，不僅表現詩人鮮活獨特的藝術質素，也傳達時代的精神的多樣性，羅門獨創的時空境界——前進中的永恒，可掌握存在與變化中不斷展現的創新之路，詩人與藝術家便由螺旋形的架構去拿到永恒的基型。

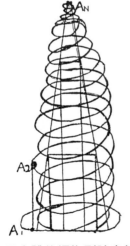

圓形包融方形與三角形，以三百六十度不斷的向上盤旋，往上呈三角形的突破後，又在新的空間展現新圓，A 指對象，A1、A2、A3 指潛在意象，An 指美感意象。故詩與藝術的功用是將現實透過聯想力，導入內心潛在的經驗世界，而獲得無限的內心心象世界。

多元立體的螺旋型時空架構

[59]引自羅門：《自然詩》，頁 87-102

第四章　時空觀對羅門詩境的開拓

　　羅門詩容納古今遠近，以螺旋形多元時空架構將外在的物境轉換昇華於心境，不受物象公共時空之定位所限制，自成一內在廣闊的世界，超拔於現實之外，而令人忘卻時空的區劃。詩人的情志在此活轉流動，視通萬里，思接千載，一如《文賦》所言：「觀古今於須臾，撫四海於一瞬。」並且在這須臾、一瞬的當時「收百世之闕文，采千載之遺韻。謝朝華於已披，啓夕秀於未振。」當生命深陷於時空變化當中，而有所感應的時候，羅門便抓住這一須臾和當下而下手，藉此題材爲溝通古今遠近往來的媒介。在理論上說，深入一個題材的內涵，即深入此一題材的世界，當詩人經由深入地反省自我的生存情境，而將意識提高至最頂端的觀照點，這種存在自覺的高度與生命反省的深度使羅門詩更能正視人生，尋求人類共同的心靈歸宿，由現實世界的種種限制中超脫出來，用意象和觀念創造羅門稱之爲「第三自然」的永恒王國。這種「第三自然」螺旋形的思考模式一方面延續傳統，另一方面能創造未來；承續古典而不守舊，肯定與發明新文學的新思維與新表現方式，具有統化時空的力量，可破除後現代拋棄過去，無歷史感的碎片式思維。這種立體式的時空觀對羅門詩境的開拓具有絕對性的影響，使其文思豐碩敏捷，暢行於古今四海的文學時空之間。

　　羅門以螺旋型的創作時空觀──「前進中的永恒」，開拓多種層面的詩境。圓形的底部循環反覆，且蛋亦爲圓形，是生命之源，故象徵東方迴返本然的追求和永恒超脫的哲思。自圓底聳立

的三角形是西方與天抗爭的奮鬥精神，在知其不可而爲之的悲劇歷程中，可見人類奮發不已的精神力量與追求永恒的生命自覺，故羅門詩展現雄渾的美感意識。螺旋型的旋轉中，穿梭在過去、現在與未來，時空的扭曲與錯置成爲可能，且可準確的呈現詩人主觀的意志，扭曲時空的反諷思維超越了客觀的現實，顯示詩人心中主觀的真實。由此而知：羅門螺旋型的創作時空觀對詩意的開拓是多麼的重要。

羅門以宏觀的靈視，在自我中進行深刻的中西對話後，將儒家用道德修爲而使自我不朽，道家用虛靜心的無而顯出有，佛家直顯心性而超拔生命的煩惱之源，及尼采正面介入人生，同上帝對抗的悲劇超越的精神互相滲合，而達至生命意識的高度覺醒，進窺哲人哲思所指向的大化根源之域，這種永恒超脫的哲思開拓出睿智的知性詩意。在羅門敏銳心靈的微觀下，一沙一花自成一世界，自然萬物的永恒律動可以呈現完整統一的美感，可以看到其宏觀的靈視亦貫串到微觀的世界之中。透過主觀高度自覺的有情生命滲入客觀的世界背景，羅門心中孕生出一種人類、萬物與整體互相召喚的情境，尤其在東方形象感悟與西方知性思維對談之後，羅門強烈地喚起回歸萬有本然的渴望，尋求現代科技與自然的平衡，這是屬於羅門詩的優美深刻之處。這種迴返本然的探索肯定萬物的自給自足，各依其性的演化，脫離人爲的概念思維，而開拓羅門詩道境禪意的詩趣。而站在此一超越的制高點上，俯視變幻不定、煩惱糾結的現實世界，羅門或是以雄拔的心志超越現實世界的醜惡；或是用心靈的自由解脫生存情境的束縛；或是以圓滿的態度化解殘缺冷酷的事象，把人類的心靈帶至形而上的境界，如亞理斯多德認爲：悲劇可以淨化人心，這是羅門詩的壯美深刻之處。這種雄渾的美感意識開拓了羅門詩宏大的詩境。

　　螺旋型的時空觀念使羅門的文學時空能脫離客觀現實的束縛，自由表現詩人主觀的心靈秩序，而充沛的想像力，豐富的意象及靈活的詞性運用，使扭曲時空的反諷思維開拓不盡的言外之意，更發人深省。對現代人類生存的四大困境—死亡、戰爭、都市與性、回歸純我，羅門站在如陳子昂「前不見古人，後不見來者，念天地之悠悠，獨愴然而涕下」的位置，「在現代文明風暴的颱風眼——最熱鬧也是最空寂的位置，面對冷漠的生存時空」[1]發現問題，深入意識的最深處，並創造與這些困境應戰的精神世界。

第一節　永恒超越的時空哲思
開拓知性的詩意

　　西方文化裡所謂超越的體驗是：人獨立於美善的世界，成為永恒的創造源頭，給予人類生存的意義和價值。超越體驗在文學上的表現則是：在人生困頓中開啓另一扇精神之門的瞬間。弗萊認為：抒情詩的場景常是困頓的瞬刻，但是這並非沮喪的焦點，似乎成為通向另一經驗世界的入口。[2]由困境而開啓超越的領悟，這種超越的境界本質上是超越時空的。中國的超越是內在的超越，天道本來潛藏於人物、事象之中，而人透過內心的自覺頓悟天道，自能達到超越的境界。然而在人生歷程的啓悟中，困境往

---

[1]參見羅門：《詩眼看世界》，臺北：師大書苑，1989，頁 138。

[2]引自 Northrop Frye： "Approaching the Lyric," in Lyric Poetry：Beyond New Criticism，eds Chaviva Hosek and Patricia Parker，Ithaca：Cornell University Press，1985，頁 31-36。轉引自蕭馳：〈中國傳統詩學中的超越與本在〉，《中國抒情傳統》，頁 41-42。

往是超越的中途轉換點。站在時空的角度思考，人類的壽命形體有所侷限，必須受時間、空間的壓抑，如〈古詩十九首〉產生於混亂的時代，人們失去儒家立德、立言、立功以垂不朽的既有價值觀，對生命的安頓是迷惘而無所依循，面對時空造成的強大壓力，詩人的思考在一片迷亂中引向生存與死亡的哲理，既不滿意於現世，故嚮往另一個理想的世界，但這種對瑰麗仙境的夢想最後均成破滅，所以有時即以及時行樂為生存之道的最終解決方式，在超越之路上始終徘徊不定。如〈驅車上東門〉：

> 驅車上東門，遙望郭北墓。白楊何蕭蕭，松柏夾廣路。下有陳死人，杳杳即長暮。潛寐黃泉下，千載永不寤。浩浩陰陽移，年命如朝露。人生忽如寄，壽無金石固。萬歲更相送，聖賢莫能度。服食求神仙，多為藥所誤。不如飲美酒，被服紈與素。

遙望城郭北面的墓群，參雜著白楊和松柏，無限的蕭瑟，死去的人們歷千載永不醒覺，在大化的運轉中，人如朝露而非金石，忽焉即逝，生死相送是亙古以來的規律，聖賢亦無法超越，生死之大限既不能改變，不如把握時間，及時行樂。

時間的壓力和空間的漠遠也是中國詩常見的模式，義山詩的「日暮」和「路遠」是一種象徵的原型，表達歲月匆促，空間漠遠，理想難以達成的困境，[3]如〈落花〉：「參差連曲陌，迢遞送斜暉。」「迢遞」是空間的漠遠，「斜暉」是時間的冥暮，在此種時空的渲染下，憐惜時空中物的落花實際上也是自憐。李賀的〈將進酒〉：「況是青春日將暮，桃花亂落如紅雨。勸君終日酩酊醉，酒不到劉伶墳上土。」洞察了生命的無奈，激起生命的內

---

3 參見黃永武：《中國詩學·思想篇》，臺北：巨流圖書公司，1976，頁82-83。

在悸動，以有限的青春對照自然無止境的推移變化，揭露生命無以掌握的短暫與理想難以達成的不堪，故不如終日暢飲美酒，以免大限已至而徒增傷感。

　　施友忠提出的「兩度超越」，[4]流露中國傳統式無為的開闊與曠達。以超越於現象界之上的修為，最後透顯虛靜之心的本相，在心靈本相的至虛至靜之中容納一切，層層的超越自我心靈的封限，而達到與道契合，無物可執的境界。如蘇軾〈送參寥詩〉言：「靜故了群動，空故納萬境。」達到虛靜的境界，而與萬化相嬉相冥，就是莊子所說的「遊」，也就是心靈的自由，此時心靈擺脫一切功利的束縛，而進入高度自由的狀態。此時是泯滅的過去和未來的永恒當下，失去了時間與空間的意識。美國心理學家馬思洛（Abraham Maslow，1908-1970）將這種情境稱為「高峰經驗」，在「高峰經驗」中，注意力集中於覺知的客體，甚而與覺知的客體融為一體，進入物我兩忘的境界。中國哲人認為：人類的生命和宇宙的本性與運轉互相同構的；人的活動和宇宙的韻律同節奏，故人的超越精神可與宇宙合而為一，對政治失望的文士往往在理想失落之際回歸田園，重新開始一種自我內在調整的新生活，如：陶淵明從執著到超脫的靈悟，由現實投入大自然的懷抱。〈神釋〉詩曰：「縱浪大化中，不喜亦不懼。應盡便須盡，無復獨多慮。」肯定宇宙之根本為大化，即道體，而現象界之變動並無注意之價值，所以能超越興衰禍福之憂慮。

　　康德的美學思想為浪漫主義的抒情詩奠定哲學基礎，以無利

---

[4] 由「第一自然」而在內心進行「超以象外，得其環中。」的無限精神境界為二度超越。參見羅門：〈讀陳鵬翔教授的「論羅門的詩理論」〉，《羅門論文集》，臺北：文史哲出版社，1995，頁177-182。

害的愉悅提高主體感性功能的地位，情感、想像力與對神的信仰變得重要，在愛情、死亡等人生經驗中顯出上帝與永恒的無限超越。弗萊則認爲在抒情詩中，人生的困頓時刻（block point）是能在具有承擔社會倫理或形而上意義時，通向精神樂園之門，這便成爲抒情詩的超越體驗（transcendental experience），這種瞬刻的超越體驗是抒情詩的最大特徵。浪漫主義的抒情詩人在詩中討論本在和超越，自然與心靈，有限與無限等精神上的問題，如：渥滋華斯常被認定是大自然的崇拜者，透過萬物的動與靜，他以自然影射人事，以情景交融的感受、天人合一的觀念討論生與死、變與常、作與息及情與思等對立的問題。[5]尼采則試圖建立人的真正價值，因爲人屈服於各種權威、宗教、制度、名聲，尤其金錢的力量更深入各種領域裡，人越來越覺得失去自我，爲了正視自我的價值，尼采提出「上帝死了」的概念，以擺脫權威，重估一切的價值與意義。

尼采以酒神精神[6]對基督之決戰而產生內在的超越。酒神精神通過事物反映自身的充實和圓滿，因爲人生的苦痛是淵源於時空不斷的流變，希臘人通過酒神崇拜的儀式，正視此種變化的本質，否定個體的實在性，而且在儀式中重返大化之中。[7]酒神精神和強

---

5 參見董崇選：〈渥滋華斯的「動」－「靜」母題〉，《英美文學評論》，1993，創刊號，頁 44。

6 人羊劇（Satyrdrama）即酒神戴奧尼索斯儀式，戴奧尼索斯爲痛苦之神，幼年被泰坦神支解而轉化爲空氣、水、土地和火，但由他的微笑中產生奧林匹斯眾神；由他的眼淚中產生了人，代表人生的悲劇性及由苦痛中換來快樂與美。參見參見楊桓達：《尼采美學思想》，北京：中國人民大學出版社，1997 二版，頁 152-153。

7 參見陳懷恩：《尼采藝術形上學》，南華管理學院，1988，頁 108-109。

力意志都是對生命直接的肯定，世界的本質是強力意志（der Wille zur Macht　），爲生命不斷向上的力量，超越死亡和變化，尼采以此說明萬物生生不息的現象，甚至人類一切精神文明的價值都來自於強力意志，如：一棵幼小的芽苗能衝破堅硬的石塊，向上生長，這種力量超越個體，故真正存在是不分時空的永恒生成，以價值賦予生成的世界，尼采同樣以價值賦予生成世界中的人，將人和永恒結合在一起，藝術家是強力意志的最高體現，藝術家能靜觀一切，與世界融合，成爲主體與客體的中介，使強力意志由自身超越而出。

　　羅門詩由現代人生存的時空去觀照生命的流轉，現代是一種特殊的時空觀念，肇始於科技帶來的極度文明，以及所引起的生存悲劇，面對時空的壓迫，羅門以原始基型作爲象徵，溝通現象界與理念界，透過死亡產生生命的認知與自我存在的意義，運用人類特殊的秉賦：記憶與預想，而得以超越時空的藩籬，甚至使心靈戰勝死亡，而達於普遍與永恒，在有限中寓不朽，在微塵中見大千。羅門的超越是「第三自然螺旋型架構」式的超越，含有東方物我合一的靈悟，及尼采正面介入，同傳統、權力、法則、定規及事物秩序的鬥爭，並奮勇獻身，從容赴死的悲劇性。故「第三自然螺旋型」的超越綜合中西，結合古今，他說：「詩人王維與陶淵明在創作時，在與『第一自然』的和諧中一同超越與昇華，入物我兩忘的化境。詩人里爾克、艾略特在創作時，與『第一自然』或『第二自然』於衝突的悲劇感中，使人超越痛苦的阻力，由內心感知無限顫動的生之源，獲得受阻後的無限舒展。」[8]「第三自然螺旋型」的超越哲思是一種對永恒的追求，使羅門詩蘊含

8　參見羅門：《羅門論文集》，頁 114-115。

知性的詩意，如同一面明鏡，透視物象人事的秩序及真理。詩人
具有獨特的心靈之眼，能見到客觀事物的精微之處，建構自己龐
碩的精神世界，在〈第九日的底流・前序〉羅門說：「不安似海
的貝多芬伴第九交響曲長眠地下，我在地上張目活著，除了這種
顫慄性的美，還有什麼能到永恒那裡去。」[9]詩的美呈現詩人駕馭
語言的自由，和超越內容而顯示的心靈的自由，以此二種自由創
作詩的美感便超越現實，而提昇生命意識，當現實是痛苦或醜惡
時，也能以心靈之美將其克服並昇華，如：波特萊爾（Charles
Baudelaire， 1821-1867）運用都市意象，以卓越的想像超越現實，
自混亂積廢的都市生活中提取精華，將泥沼變為黃金。他心中有
兩個世界，一個是醜陋的現實世界，一個是藉謬司的翅翼而達到
的藝術世界，對於詩歌所能達到的超越境界，波特萊爾說：「我
以如許崇高的職責加於自身，我的功能乃是超人類的。」這種在
痛苦中的吶喊可造成偉大與不朽。如他在〈飛翔〉詩說：

> 煩悶與無邊的憂鬱之後
>
> 那使混沌之生沉重的
>
> 能以健壯的翅翼
>
> 飛向明淨太空的人
>
> 那思維如百靈鳥一般地
>
> 自由飛向晨空的人
>
> 那翱翔於生之上
>
> 且易於諳悉花朵和無聲之物的語言的人是幸福的[10]

---

9 引自羅門：〈第九日的底流〉，《自我時空死亡詩》，臺北：文史哲出版
　社，1995，頁42。

10引自胡品清編譯：《法蘭西詩選》，臺北：桂冠，2000，頁64-65。

現代生命在都市的高壓力量下，被恐懼和矛盾糾纏，而欲以健壯
的翅膀，將靈魂往無垠的太空展翅高飛，而與自然結合。這種追
求超脫的精神在羅門的〈逃〉一詩中也可得而見：

> 要不是鳥籠
>
> 使原野瘦了
>
> 翅膀怎會想到自己
>
> 　是天空的兩扇門
>
> 眼睛也不會望成
>
> 　窗外的風景
>
> ……
>
> 那隻鳥　一振翅
>
> 　便是千里迢遙[11]

鳥籠是現代建築的象徵，人被禁錮在水泥叢林之中，眼睛即為靈
視之窗，而在眺望之中，靈魂如鳥一般飛入千里迢遙的大自然，
而達到超越的境界。

　　容格透過醫療工作的體驗和長期的研究，由人類夢裡或潛意
識歸納出一些原始意象，在這些原始意象中蘊含許多的心理訊
息，弗萊繼承而發展，提出原型批評，認為原型是典型反覆出現
的意象，也是一種象徵，如屈原便是中國文學中代表為國家獻身，
堅持理想的重要原型。羅門詩將許多表面歧異的現代事件接源至
中國古代的神話、人物及原始意象型式，而賦予永久超越的意義
與價值，在古今二者的相似和相異中，更能深入思索其互相連繫
的永恒性及由差異而生的批判思維。如：羅門擅用海、山、河等

---

11 引自羅門：《自我‧時空‧死亡詩》，臺北：文史哲出版社，1995，頁
　72-74。

自然的原始意象代表浩瀚不朽的人類精神世界，在〈觀海〉一詩的註中，羅門說：「詩中的海已成爲對人類內在生命超越存在的觀點，尤其是海的壯闊與深沉的生命潛能；海的永恒的造型與海的心，對於那些以不凡智慧才華與超越心靈去接受生命與時空的挑戰去創造不朽存在的詩人與藝術家們，更是有所呼應與共鳴的。」[12]在〈詩人節四景〉[13]詩中則將古代偉大的詩人屈原與現代粗糙的文化背景相連起來，形成具有強烈諷刺及批判的震撼效果。第一景裡，羅門以屈原的精神爲永恒超越的最高象徵，可比擬上帝的崇高：

> 屈原
>
> 當你與世界往下跳
>
> 天空與江面都很暗
>
> 太陽便往水裡昇
>
> 暖暖的光流伴著
>
> 　　清清的水流
>
> 送你入銀河
>
> 歲月划著龍舟
>
> 　　　隨你去
>
> 去了幾千年
>
> 此行　除了與詩人有關
>
> 同十字架也脫不了關係
>
> 聽說汨羅江的水
>
> 已可用來為世人受洗

---

12 引自羅門：《自然詩》，臺北：文史哲出版社，1995，頁 55-56。

13 引自羅門：《題外詩》，臺北：文史哲出版社，1995，頁 63-64。

屈原是以生命與血淚為詩的偉大詩人，而為中國人心中永恒的精神象徵，如同西方人對基督在十字架上受難而死的意義一般，故汨羅江的水已可用來受洗，滌清世人的罪惡。第二景：

> 詩人節
> 從匆忙的車輛裡擠過來
> 　　　　我看不清
> 我只知道大家都在吃粽子
> 吃完粽子
> 將粽葉裹住端午
> 　　　放進塑膠袋
> 　　送上垃圾車
> 　　　　急急帶走
> 那就是我看到的一首詩

現代的社會人們只知吃粽子，慶祝節日，而不知其內在意義為何？在物化的都市裡，精神的追求已被棄若敝屣。第三景：「將『悠然見南山』的渾圓／圍坐成酒杯碰來碰去的圓桌面／把『山色有無中』的渾圓／放在現實的版面上切割成禮餅」，諷嘲現代人困於城市的機械化中，只知有物質不知精神為何，人們麻木的度端午佳節，但早已失去體會詩人節真正意涵的能力，心靈沒有詩與藝術的提昇，生命便失去靈魂，如同一具具飄泊的死屍。第四景更可見現代社會低落的文化素養和缺乏目標的行為模式：「在市場裡／用流行寫詩／在社會裡／用名片寫詩／在享受虛名裡／便不用寫詩」，屈原以國家興亡為己任，在社會之真與假、人性之善與惡、自我的美與醜的抉擇中，雖信而見疑，忠而被謗，仍正道直行。司馬遷在《史記‧屈原賈生列傳》引淮南王劉安的話評論屈原《離騷》：「濯淖污泥之中，蟬蛻於濁穢，以浮游塵埃之

外。」現代的詩人們卻是以市場虛名爲導向，糟蹋詩之真義，難怪羅門在此詩中發出沉重的感歎：

> 而屈原
> 你是在用淌血的心寫詩
> 　　　用詩寫詩
> 你走後
> 留下柳宗元獨釣寒江雪
> 　　　江底冷而靜
> 　　　江面孤而寂

自屈原之後，有柳宗元面對人間的寂寥，而獨自追求理想，「獨釣寒江雪」顯示詩人在白雪覆蓋，無限空白的時空之中，雖渺小卻仍內心執著，堅持在嚴寒的江雪中獨釣的勁力。然詩人千古孤寂之心如置在現代熙熙攘攘的人聲中，將更顯出無可言喻的悲哀。容格認爲：「一個種族或集體潛意識中，貯存著人類往昔的經驗和神話象徵。」「偉大藝術家是賦有『原始靈視』的人。原始靈視係對於原始類型的特殊敏感性而言，是以久遠意象表達事象的能力。」[14]羅門的靈視使他能運用久遠的原始類型來表達內在的精神世界，而且迎合他所處的時代的精神需求，即儒家承傳者面對世情的逼迫，生命的悲涼，而能在精神上堅守人文理想，超越時空的限制而化爲不朽。羅門永恒超越的哲思在詩中的論辯裡流露出不凡的睿智詩意。

　　最後要附帶提及的是羅門所營造作爲人類至高超越之完美精

14　轉引自李達三著，蔡源煌譯：〈神話的文學研究〉，李正治主編：《政府遷臺以來文學研究理論及方法之探索》，臺北：學生書局，1988，頁535-536。

神境界的象徵：充滿視覺藝術作品及迴盪貝多芬音樂的「燈屋」，這是「第三自然螺旋型」的超越融合古今中外心靈的結晶，也是羅門超越哲思在環境的具體呈現。「門窗緊閉／示以堅然的拒絕／簾幕垂下／完成幽美的孤立」，門窗緊閉，簾幕垂下，排除一切現象世界的干擾，詩人於是背負人類的原罪，孤獨的找尋引渡往彼岸的希望之光。

> 在那無邊無底的迴旋的空間裡
>
> 純淨得連空氣都出去　眼睛也隱入那深深的凝視
>
> 永恒此刻不需襯托　它不是銅與三合土揉成的
>
> 也不是造在血流上朽或不朽的虹橋
>
> 它只是一種無阻地旋進去的方向
>
> 　　　一種屬於小提琴與鋼琴的道路
>
> 　　　一種用眼睛也排不完的遠方
>
> 　　　一種醒中的全睡　睡中的全醒
>
> 　　　一種等於上帝又甚於上帝的存在[15]

唱片的紋路是向內旋轉的，象徵現代人往內在探索的生命動向，自我的內在世界不是銅與三合土揉成的，也非造在血流上朽或不朽的虹橋，而是往內旋轉向自我探索的方向，亦即屬於貝多芬偉大心靈的結晶——交響樂的旋律，通過空寂，而尋獲無限光明的精神境界，即一種等於上帝又甚於上帝的存在，這是詩人建築在靈視上的超昇。羅門詩呈現永恒超越的哲思，開拓知性的詩意，在內在精神世界無盡的探索與迴旋超昇中，引導讀者深入思索人生的意義。

---

15 引自羅門：〈前言螺旋型之戀〉，《燈屋‧生活影像》，臺北：文史哲出版社，1995，前頁 4-7。

第二節　迴返本然的時空探索
開拓禪意的詩趣

一、審美觀照客觀物象，尋常生活即有禪意

　　羅門以自我爲基點，追求純我，反映批判客觀世界變幻不定的人生世相，如：都市、戰爭，並由此而提昇心靈的層次，最後仍回歸東方的自然觀，在自然的純一之境找到人類內在的精神歸宿。詩人由尋常生活出發，以作者主觀的審美情意與客觀物象的結合，「以神寫形，以情寫景」，使詩中的自我進入客觀的事物之中，物可化爲我，我亦可化爲物。將主觀的情意移入客觀的物象之中，主客體的相融無礙使人的心靈獲得最大的自由，故《文心雕龍·神思篇》云：「登山則情滿於山；觀海則意溢於海」。渥滋華斯說：「無法賦予意義的智心，將無法感應外物。抽象的影響力的來源，並非來自固有的物性，亦非其本身之所以然，而是來自與特定時空之外物相交往，受外物所感染的智心所賦出的。所以詩……應該由人的靈魂出發，將其創造力傳達給外在世界的意象。」[16]禪宗喜假借大自然的景物引人領悟，感應外物的三個階段是由「見山是山，見水是水」的如孩童般素樸無智之心感應萬象開始，再進入「見山不是山，見水不是水」的境界，離開直抒的山水移至概念的世界之中，尋找客體與主體心靈的聯繫，而形成心智與語言上的價值和意義。第三階段則依然「見山是山，見水是水」，即對自然已達即物即真的感悟，拋棄心智與語言的思考而回歸本然的物象，凝神注視山水而與自然形成共同的節

16　轉引自葉維廉：〈中國古典詩和英美詩中山水美感意識的演變〉，《比較詩學》，臺北：東大圖書公司，1988 二版，頁 158。

奏，尊重自然自主性的存在與活動，並在現象的變動裡體悟本體的永恒存在，而能物我合一，不離現實，但又可超越現實，有出於塵世卻無垢之心。以直覺體驗客觀的物象，並進而悠遊自得於物象之中，與大化融爲一體，打破功利與實用的束縛，此時時空的侷限消失，心靈澄澈，自由而超脫。這可說明羅門在一般尋常事物上以審美的人生態度作超越的觀照，而使其作品寫日常之景、生活中等閒之事，與禪家相同，有「行往坐臥無非是道」的詩趣。如〈晨起〉一詩：

> 站在清晨的樓頂上
>
> 一呼吸
>
> 　花紅葉綠
>
> 　天藍山青
>
> 一遠看
>
> 　腳已踩在雲上
>
> 一張開雙手
>
> 　天空與胸便疊在一起
>
> 　反而較翅膀輕了[17]

這首詩表現詩人的思想與情感對自然的觀照，在清晨的呼吸和遠眺的日常行止中，把出世的理想和現代人熱愛渴望自然的天性作了聯繫，不需翅膀，天空便能與胸貼在一起，因爲即使身處嘈雜的都市，全然開放的心境是現代人與大自然相對，獲得無限樂趣的關鍵。

二、泯滅時空，妙悟本性即能蘊含禪理

---

17 引自羅門：《自然詩》，頁110。

　　嚴羽說：「大抵禪道惟在妙悟，詩道亦在妙悟。」後人喜舉王維輞川別業的一系列詩作爲例，尤其〈鳥鳴澗〉：「人閒桂花落，夜靜春山空。月出驚山鳥，時鳴春澗中。」更被認爲是妙悟的上乘佳作。在這首詩中，作者靜觀景物自己演出，不以主觀的邏輯概念介入，詩人凝視接納原本的物性，不需借重象徵或依賴比喻，而求物象原樣展現，如《人間詞話》所云：「無我之境，以物觀物，故不知何者爲我，何者爲物。」王維的詩中禪意表現空山寂林的境界，並由變化萬殊的景物中攝取最主要而鮮明的一刹那，集中的呈現，故能引發讀者的聯想，進行藝術的再創造，而達到詩中有畫的地步。不把我放在主位，尊重萬物生命的活動方式和內在的韻律，萬物的美醜善惡是人所認定的，於萬物又何干？故主觀的意識和客觀的世界可互相換位與映照，我既可由這個角度看過去，也可由那個角度看回來；既可在此時看過去，也可在彼時看回來，時間和距離都能自由交參，萬物無言而獨化。陶淵明的〈飲酒詩〉也能說明這種無言獨化的本真世界：「結廬在人境，而無車馬喧。」說出詩人對生存空間的選擇，離開俗世，回歸本真。「問君何能爾，心遠地自偏。」心境能與萬象相諧，自我的執念已然消除。「採菊東籬下，悠然見南山。山氣日夕佳，飛鳥相與還。」悠然隨意的在東籬下採菊，與南山不經意的目會而神交，山氣、飛鳥各展其姿，各遂其生，自然即生活，也是生命的本質。「此中有真意，欲辯已忘言。」因身即生活在如此淳真的自然世界，隨處給人高度的精神契悟，語言的論述已成多餘。「忘言」是指忘我，若一定要以言語來形容這種情境，自我與萬象的諧和關係便立即產生變化。得意可以忘言，得魚可以忘筌，心靈的澄清淨空，超越思慮，時空的界限消失之審美的人生哲理，一直是中國人傳統的生命情調，羅門則認爲大自然雖是他創作的

主題思想，但這是透過與「第二自然」（都市）交會後，在詩的創作中體悟的新的存在觀。古代的陶淵明、王維是由他們的生存空間，即第一自然（田園），經由心靈的交感而昇華，但是身為現代人的羅門，在物質繁榮的生活景觀中，時間因科技的進步而加速，空間因建築的增多而狹迫，故對宇宙萬象的體悟不同於王維、陶淵明，羅門是在純然渾圓的圓中，納入西方科技文明的立體空間和科學思維，在田園與都市的爭鬥裡追索事物本然的面目。如〈曠野〉說的現代都市：

> 綠燈是無盡的草原
>
> 紅燈是停在水平線上的
>
> > 落日
>
> 想奔　河流都在蓄水池裡
>
> 想飛　有翅的都在菜市場

都市的綠燈代替了草原，紅燈代替了落日，河流被水壩攔截，飛禽被捕捉宰殺，淪落在菜市場裡，靜態觀照的大自然已經幻滅，都市的景觀再也接觸不到大自然的實體，詩人便通過這一都市與田園的矛盾，以「第三自然」（詩與藝術的世界）的觀照，使每一種物象律動，在靜動之間展示最純粹的時空關連，最終最純然的精神曠野是：

> 望著光開始流動的地方
>
> 泉水開始湧現的地方
>
> 花開始開的地方
>
> 鳥開始飛的地方
>
> 讓所有的路都能看見起點

　　　　所有的聲音都歸入你的沉寂[18]

詩人的心靈不停止在他所看見的都市現象，而越過都市現象延伸至「開始」之處，「開始」即根源之處，由都市現象與心靈的束縛向上超越，突破時空的限制，拓展精神的世界，故能由都市解放出來看到精神世界的源頭，那風光無盡美妙的開始之處。詩人雖身處於世相繽紛的塵世，卻有一顆本真的稚子之心，在有限的時空求取無限的意義，最終契悟佛在我心中，我心即一切，本然無礙的心靈即可容納山川大地。如《傳心法要》所言：

> 故學道人唯以見聞覺知施為動作，空卻見聞覺知，即心路決無入處。但於見聞覺知處認本心，然本心不屬見聞覺知，亦不離見聞覺知；但莫於見聞覺知處起見解，亦莫於見聞覺知上動念；亦莫離見聞覺知覓心，亦莫捨見聞覺知取法。
> 不即不離，不住不著，縱橫自在，無非道場。

見聞覺知是指個人的經驗實踐，而悟入需由日常生活的細微之處得來，悟入之後現實的世界就是理想的世界，此時回歸一塵不染的清靜本心，悟得人若有本體之心即能立地而成佛，不為一切特定的時空現象所限，這種禪意的美學觀在羅門詩中隨處可得。

三、超脫現實，空寂孤獨的自覺創造精神的時空

　　詩人與藝術家必須靜觀萬象，經過空寂孤獨感的洗禮，才能深入探索世界本源的意義，也就是超脫現實，站在另一種全新的位置去觀照人生。中國詩學在形神的關係上一向重神而輕形，在物理場也注入心理的意涵，稱為意境，這是蕩漾無盡美感的藝術與詩的世界，詩人的創作任情感自由馳騁，出入萬象，常留下無

---

[18] 引自羅門：《自然詩》，頁 70-74。

限想像的空間，召喚欣賞者進入，讓讀者放棄理智的深究，重新喚起生活情境的觀照，直觀的體會作者的感受，作超越時空的對話。羅門人生閱歷豐富，經過離鄉漂泊之苦，遊覽世界各處，後來放棄高薪的工作而提早退休，在詩與藝術的世界悠遊自得，他同現實世界的距離拉遠了，但因已經歷人生百態，深嘗人生真味，更能體會進入空無的妙境，而站在超越的角度思考各項哲理。由實用的世界跳至美感的世界來，靜穆的觀照與飛躍的生命構成禪的心靈，這種藝術的意境既有屈原的纏綿悱惻，一往情深，才能深入萬象之核心，又有莊子的超曠空靈，如羚羊掛角，無跡可尋，所以孤獨空寂的生命自覺是詩人創作的動力，當詩人在孤獨空寂之中獨自面對自我，面對萬象，才能進一步確認自我與萬象的假相與本真，並能更貼進清淨的本然之心，而使詩歌流露引人深思的禪味。如〈觀海〉所言：

> 飲盡一條條江河
>
> 你醉成滿　風浪
>
> 浪是花瓣　大地能不繽紛
>
> 浪是翅膀　天空能不飛翔
>
> 浪波動起伏　群山能不心跳
>
> 浪來浪去　浪去浪來
>
> 你吞進一顆顆落日
>
> 　　吐出朵朵旭陽

大海吸納眾多的支流，而成就無限的壯闊與圓滿，使大地、天空與群山都隨它起舞，而大海吞吐陽光，象徵時間隨它推移，故大海是大自然本然的基型和永恒的結構，超越時間和空間而存在。

> 蒼茫若能探視出一切的初貌
>
> 那純粹的擺動

　　　那永不休止的澎湃

　　　它便是鐘錶的心

　　　　　時空的心

　　　也是你的心

　　　　　你收藏日月風雨江河的心

　　　　　你填滿千萬座深淵的心

　　　　　你被冰與火焚燒藍透了的心

……

　　　任滿天烽火猛然的掃過來

　　　任炮管把血漿不停的灌下來

　　　　都更變不了你那藍色的頑強

　　　　　　　藍色的深沉

　　　　　　　藍色的凝望[19]

藍色的大海是萬物的起源，也象徵深沉的生命潛能，而與最初的蒼茫一同走來，無論人事如何變遷，它的頑強和堅持都能包容一切，大海匯集江流，一路行來，看過多少風景，但永恒的空寂與孤獨是大海的特質，如禪境的頓悟而映照詩人的本心，使詩人能忍受孤寂，在現實社會的障礙裡看清世情，心境因而自在，反能激發創作的動力，更能由精神世界中得到不朽的意志力。

四、崇尚直觀與別趣，在矛盾的歧異中
更能透徹物象之本然

　　禪宗的悟性思維是注重整體的渾然之感，而非剖析其中的精微元素，世界的本相是整體的，只能以直觀的方式才能對應，以

---

[19] 引自羅門：《自然詩》，頁 49-55。

直覺觀照部分而得到整體。詩人凝視的雖只是一草一木，卻能與
世界共脈動，和宇宙同俯仰，以直觀創作詩句，超越邏輯思考方
式，和理性相衝擊，而引發歧異的別趣。如陳襄〈贈禪者〉詩：
「昔年曾到此山中，正見山花滿砌紅。今年花開還照眼，分明見
處本來同。」由正常的邏輯而言，今年的花怎會開在去年的原處？
但是因心理無今昔之別，所以花開花謝又何曾有增減，這種超越
理性邏輯的思考更能見到萬事萬物的真正面貌。羅門的〈傘〉這
一首詩也有同樣矛盾的別趣：

> 他靠著公寓的窗口
>
> 看雨中的傘
>
> 走成一個個
>
> 孤獨的世界
>
> 想起一大群人
>
> 每天從人潮滾滾的
>
> 　　　公車與地下道
>
> 裹住自己躲回家
>
> 　　　把門關上
>
> 忽然間
>
> 公寓裡所有的住屋
>
> 全都往雨裡跑
>
> 直喊自己
>
> 也是傘
>
> 他愕然站住
>
> 把自己緊緊握成傘把
>
> 而只有天空是傘
>
> 雨在傘裡落

傘外無雨[20]

他靠著公寓的窗口，看著雨中一個個的人撐著的傘是一個個孤獨的世界，在現代社會中，人與人之間是冷漠而互不關心的，即使是在人擠人的公車或地下道，現代人的內心還是如此的疏離，只有躲在家裡，關上門，才有一點點的安全感。這一節是屬於現實的與記憶的實視空間。而「忽然間／公寓裡所有的住屋／全都往雨裡跑／直喊自己／也是傘」，則是超現實的實視空間，如同傘一般，公寓裡所有的住屋亦是一個個孤獨的世界，而將住屋擬人化，產生反常的別趣，以白描直敘的方法和奇特的想像力帶出潛藏在語言下所欲表達的真理，即冷漠的現代人內心深處嚴重的孤寂感。最後，「他愕然站住／把自己緊緊握成傘把／而只有天空是傘／雨在傘裡落／傘外無雨」，呈現的是禪悟的實視空間，在愕然之中而頓悟：只有天空是傘，人要躲進的自以為安全的那一處領地並不存在，而將空間擴大於無窮，表達了在城市生存中，思想欲衝破束縛，自由飛騰的希望。這一首詩以與現實矛盾的歧異別趣，深沉的透視現代人內心深處嚴重的孤獨與荒謬。

第三節　雄渾的時空美感意識
開拓宏大的詩境

「the Sublime」是西方傳統美學的一個特有觀念，經演變與歸納，而形成的哲學體系。隆嘉納斯（Longinus）的〈On the Sublime〉認為 the Sublime 有五種來源：一、是形成偉大觀念的能力。二、是熾熱豐富的情感。三、是比喻的運用。四、是雄渾的辭藻。五、

---

20 引自羅門：《羅門詩選》，臺北：洪範書店，1996 三版，頁 327-328。

是用字遣辭的昇華。

　　語言修辭的誇飾手法和筆力的錘鍊，可使雄渾的詩境透過氣勢和節奏顯現出來，並以各種壯闊和昂揚的意象激發讀者的想像力，如杜甫的雄渾是筆力的沉著凝鍊，〈宿江邊閣〉一詩：「暝色延山徑，高齋次水門。薄雲巖際宿，孤月浪中翻。鸛鶴追飛靜，豺狼得食喧。不眠憂戰伐，無力正乾坤。」此詩因四川內戰而感發多端。雲朵停在高巖邊，浩浩蕩蕩的江天中孤月獨照，於夜深之時憂亂縈懷，故竟夕不寐，在靜默中體察萬物的流轉，並寄託沉鬱的家國之念。勾畫大景的語言蓬勃有生氣，可謂雄渾境界的典範。奇特的誇飾是以豐富的想像力，在隱蔽細微之處加強突出物象的精神，將主題注入作者的情感，把誇張的圖像合理化。如李白的〈遠別離〉：「遠別離，古有皇英之二女。乃在洞庭之南、瀟湘之浦。海水直下萬里深，誰人不言此離苦？」「海水直下萬里深」形容洞庭、瀟湘地勢的險阻遼闊，並以此寓意別離之苦。「日慘慘兮雲冥冥，猩猩啼煙兮鬼嘯雨。我縱言之將何補？皇穹竊恐不照余之忠誠！」以誇張的手法烘托洞庭、瀟湘一帶慘厲恐怖的氣氛，並帶出李白內心的沉憂，以忠誠二字抒發不遇的感慨。這種獨創的奇特構思能使虛景合理化，而渲染雄渾的氣勢。

　　除了修辭的「Sublime」之外，隆氏也提到自然的「Sublime」。大自然的雄偉無法測量，故能引起人類的心靈之移情作用，以想像力超越知覺的範疇，泯滅物與我的界限，面對雄偉高大的自然，在經過霎時的痛感，覺知自己的渺小後，心靈便被自然所佔領，彷彿自己也有高揚宏闊的氣概。[21]隆嘉納斯在〈On the Sublime〉

21參見朱光潛：〈剛性美與柔性美〉，《文藝心理學》，臺北：臺灣開明書店，1979 十三版，頁 248。

指出：

> 經由某種自然的衝動，我們不會愛慕小溪，雖然它們用處
> 不小，也很清澈，而會喜愛尼羅河、多瑙河或者萊因河，
> 尤其是海洋。我們也不會以比望天火更大的敬畏來看自己
> 點燃的小火燄（雖然它的火光永遠被保護得很純），⋯埃
> 特納火山爆發時，即從深處吐出石塊和大岩石，且時或從
> 那道地下純火噴出水流來。在所有這些事物中，我們可以
> 說，人們把有用的或必需品的看作是平凡的，而把欽羨之
> 情保留給令人驚駭的事物。[22]

由「辭藻的雄渾」到「自然的雄渾」，以至康德（Immanuel Kant，
1724-1804）所建立賦有哲學基礎的美學體系，所謂「哲學的雄
渾」，將美往上超越物質，而奔向形而上的無限世界，他認為雄
渾是「絕對大」，而且與較小的景物相互比較才能顯現，雄渾也
是一種直覺、主觀的思維。他在《判斷力的批判》中將雄渾分為
「數理雄渾」（the mathematically sublime）和「動力雄渾」（the
dynamically sublime），「數理雄渾」是以邏輯的概念，主觀的以
巨大的數字判斷事物的體積，而感受物象凌人的氣魄以達至雄渾
的境界。如羅門詩：「便到了三萬呎高空／飛機已是一座真的／
空中樓閣／造在無物可及的／空闊裡」[23]、「千萬座深淵在這裡沉
落／無數向下的→→→／追著死亡」[24]。「動力雄渾」則是對象引
發人既恐懼又崇敬的強大力量和氣勢。如羅門的〈都市之死〉：

---

22 轉引自陳鵬翔：〈中西文學裡的雄偉觀念〉，《主題學理論與實踐》，臺
　　北：萬卷樓圖書公司，2000，頁 4。

23 引自羅門：〈一個美麗的形而上〉，《自然詩》，頁 83。

24 引自羅門：〈大峽谷奏鳴曲〉，《自然詩》，頁 87。

「都市你造起來的／快要高過上帝的天國了」[25]。不管對事物體積的判斷，或主觀的感受外物，雄渾均來自於人的內心，強調雄渾感是道德精神力量的勝利之感。[26]如以康德的雄渾來討論西方浪漫派的自然詩，便需以時間和空間為主軸，而探討由此產生的種種問題，在處於特定空間與時間之流中，一刹那間的頓悟將主體由形而下提昇至超越時空的領域。故雄渾代表由超越而向上奔馳的無限精神力量。

　　「the Sublime」在中文並無完全貼切的譯名，王國維據康德的觀點而發揮，並將「the Sublime」翻譯為「宏壯」，他在〈古雅之在美學上之位置〉說：

> 要而言之，則前者（指優美）由一對象之形式，不關於吾人之利害，遂使吾人忘利害之念，而以精神之全力沉浸於此對象之形式中，自然及藝術中普通之美皆此類也。後者（指宏壯），則由一對象之形式越乎吾人知力所能馭之範圍，或其形式大不利於吾人，而又覺其非人力所能抗，於是吾人保存自己之本能遂超越乎利害之觀念外，而達觀其對象之形式，如自然中之高山大川、烈風雷雨，藝術中偉大之宮室、悲慘之雕刻象、歷史畫、戲曲、小說等皆是也[27]。

主體與客體和諧給予人愉悅之感，而「宏壯」則因主體無法確切掌握無限之客體，令人感到威嚇與恐懼，覺得非人力所能抵擋，而產生痛楚，這種激動和情感的變化於是經由客體無限的形式，

25　引自羅門：《都市詩》，臺北：文史哲出版社，1995，頁59。

26　參見康德著，宗白華、韋卓民譯：《判斷力批判》上卷，臺北：滄浪出版社，1986，頁89-107。

27　引自王國維著，趙萬里編：《王國維遺書》第三冊，上海：上海書店出版社，2000，頁615-617。

而否定主體智力的有限性，以想像力消除物我的對立，轉化為和諧。《人間詞話》說：「無我之境，人惟於靜中得之；有我之境於由動之靜時得之，故一優美，一宏壯也。」因小橋流水，鳥鳴花開之類，不關吾人之利害，吾人可保持寧靜，以精神直觀，沉浸其中，而得到美的感受，這便是優美。高山大川、烈風雷雨、藝術中偉大之宮室、悲慘之雕像之類，客體的形式大不利於吾人，超越吾人之力所能抗拒，雖吾人之意志為之破裂，經過對立的利害衝突，反會保持自己的本能，而超越利害之觀點，以直觀來觀察客體的形式，而得到美的感受，這便是宏壯。

　　本文將「the Sublime」翻譯為「雄渾」，取自司空圖《二十四詩品》所言的：「雄渾」一辭。「雄渾」品云：「大用外腓，真體內充。返虛入渾，積健為雄。具備萬物，橫絕太空。荒荒油雲，寥寥長風。超以象外，得其環中。持之非強，來之無窮。」宇宙本體內在能量的充實與外放，是雄渾所以成其大美的依據。詩人的生命本體如拓展似宇宙般廣大，內在能量積聚充實，外而驅遣天地萬象，傳達宇宙間震撼人的偉力，探觸心靈內部廣大無窮的時空意識，雄渾感即呈露筆端。「雄渾」不但是中國文學理論中既有的觀念，又有開天闢地的宇宙論境界，顯示廣大無窮的時間感和空間感，可和西方的「the Sublime」的概念在哲學上並稱。「渾」為渾沌，道家重視概念、語言、覺識發生以前，未被解割重組之前的真秩序，莊子稱之「天放」；老子稱之「素樸」，代表原有而整體渾然的意識直接感受宇宙現象，不假抽象概念而與萬物自發應和，自我溶入渾然的萬象中，離棄種種觀念上的封閉或限制，再重新肯定，開放胸襟接受整體的宇宙現象，人才能進

入客體，達到「相看兩不厭，只有敬亭山」[28]的地步。中國詩歌詠
大自然的奇偉壯盛，使詩人與大自然結合，認同萬象而渾化交融，
如李賀的〈夢天〉詩：「黃塵清水三山下，更變千年如走馬。遙
望齊州九點煙，一泓海水杯中瀉。」詩人從天上向下看，千年歲
月滄海桑田的變化有若走馬，傳說中國古代分為九州，故廣大的
中國竟如九點煙霧，而浩瀚的海洋是杯中流瀉的水。詩人的想像
力使他如同二十世紀的太空人一般遙望地球，與宇宙相較，地球
顯得渺小，人類歷史更是匆促，而其自在的悠遊靜觀，與宇宙合
而為一。李白的〈登太白峰〉：「西上太白峰，夕陽窮攀登。太
白與我語，為我開天關。願乘冷風去，直出浮雲間。舉手可近月，
前行若無山。一別武功去，何時復更還。」想像與太白金星談話，
並進入天門，直達月亮，這種雄健的氣勢衝決形體限制，做伴於
自然間，詩人沒有震撼與敬畏之感，景象宏偉的威力不足以妨礙
詩人與自然契合，而進入空靈渾然的世界。反觀西方「the Sublime」
的概念是在主客體接觸後，引發對自然不可測度的反應，產生知
識論的焦慮，而拋棄現象界的拘束，邁入永恒超越的境界。

　　羅門詩自〈第九日的底流〉（1960）以後，〈都市之死〉（1961）
〈麥堅利堡〉（1962）〈死亡之塔〉（1969）等巨構均由現實生
活取材，追蹤現代人與時空對峙的壯烈，展現潑墨般的豪邁氣勢，
放眼於外，以高度鳥瞰的位置宏觀的叩尋人類整體的生存和外部
世界的互動變化。以往的人類與自然搏鬥，而現代人沉重的包袱
是種種物質和精神上的衝突，詩人覺知生命意識當與時空之特定
點連結，在時空中萬象變化的情境感受之後，更需突進生命的反
省之域，面對戰爭、都市、自我與死亡等令人驚恐的巨大困境，

---

28 引自李白：〈獨坐敬亭山〉詩

以無限充沛的精神力量，由困境中激越而出，可謂爲「哲學的雄渾」。當人類捲入由自己親手製造的禍害裡，無論生命、意志與潛力都全然毀滅，這是生命最大的悲劇。都市與戰爭均可表現此種特性，戰爭扼殺生靈，破壞建設，但又是維持正義保衛民族之所必需；都市侵佔田園，麻痺人們的心靈，但又提供各種機會滿足人們創造與消費的需求，這些具備正反兩種矛盾的意義，產生無比的震撼力與悲哀感。面對人類共有的悲劇景象，經由對普遍人性及人生意義的感知，而以更廣大的胸襟去觀察這些災難，針對都市，羅門說：

　　都市　在復活節一切死得更快

　　而你卻是剛從花轎裡步出的新娘

　　　　是掛燈籠的初夜　果露釀造的蜜月

　　　　　一隻裸獸　在最空無的原始

　　　　　一扇屏風　遮住墳的陰影

　　　　　一具雕花的棺　裝滿了走動的死亡[29]

透視之犀利使人驚歎，以大氣魄的羅列式意象，將都市比擬爲如空無原始中的裸獸，吞食人們的生命；如屏風遮住墳的陰影，而實際上卻不再有生命的跡象；如雕花的棺木，裝載只有軀殼而無靈魂的人類，把都市造成的死亡的意象盡情展現，透視都市內在的本質而引導人們將無比的精神力量爆發出來，從吞食生命的都市野獸口中搶救僅存的人性，雖不可爲而亦爲之。羅門對現代社會的批判展現過人的道德勇氣和悲憫的人文關懷，這種氣魄是爲「哲學的雄渾」。這種「哲學的雄渾」的悲壯氣象同樣可見於羅

---

29 引自羅門：〈都市之死〉，《都市詩》，臺北：文史哲出版社，1995，頁65-66。

門的戰爭詩，如〈麥堅利堡〉30一詩：「麥堅利堡是浪花已塑成碑
林的陸上太平洋／一幅悲天泣地的大浮雕／掛入死亡最黑的背景
／七萬個故事焚燬於白色不安的顫慄」流動的太平洋海浪凝固成
一望無際的陸上碑林，如同一幅大浮雕，死亡使戰士逃離鐘錶的
計算，在時空凍結靜止的沉寂裡，七萬個活潑的生命被死亡毀滅，
羅門試圖由戰爭所造成的恐怖的死亡中找尋生命的意義，而肯定
人存在的價值和尊嚴。「戰爭是人類生命與文化數千年來所面對
的一個含有偉大悲劇性的主題。在戰爭中，人類往往必須以一隻
手去握住『偉大』與『神聖』，以另一隻手去握住滿掌的血，這
確是使上帝既無法編導也不忍心去看的一幕悲劇。可是為了自
由、真理、正義與生存，人類又往往不能不去勇敢的接受戰爭。」
31戰爭在殘酷和不朽的糾葛中顯現人類悲劇的宿命，而〈麥堅利堡〉
一詩是羅門站在良知的高塔上，揭露戰爭賦予人類的矛盾和悲
痛，這種宏大的企圖是〈麥堅利堡〉雄渾的根源。如同〈國殤〉
裡歌頌戰士：「帶長劍兮夾秦弓，首身離兮心不懲。誠既勇兮又
以武，終剛強兮不可凌。身既死兮神以靈，魂魄毅兮為鬼雄。」
爭戰沙場，首身雖分離但雄心不屈。真正英武而剛強不可凌辱。
人雖死亡但神靈不滅，為鬼中的英雄。無窮的人類內在力量使詩
人超脫死亡的壓迫，深入心靈的核心，重新尋求象徵無限與永恒
的精神理念，這種激昂高貴的情感使〈麥堅利堡〉一詩能超越有
限的知覺性，達到高揚充沛，而開拓羅門詩的宏大意境。透過自
我與死亡而激發對生命的認知，死亡帶來時間的壓力和空間的冷
漠，〈死亡之塔〉云：

30　引自羅門：《戰爭詩》，臺北：文史哲出版社，1995，頁 43。

31　引自羅門：〈麥堅利堡〉附註，《戰爭詩》，頁 44。

　　　　而在那一睡便醒不來的時空裡

　　　　神的假臂終究接不住聖瑪利亞手中的幼嬰

　　　　生命便如那忙亂的腳步聲

　　　　被遺忘在沒有記性的月臺上

　　　　……

　　　　當永久的假期寫在碑石上

　　　　你是那隻跌碎的錶　被時間永遠的解僱了

　　　　……

　　　　誰都註定是那張要被放完的唱片

　　　　　奇幻得如被漩渦旋轉成的塔

　　　　　　於渦流靜止時倒塌

　形體只有步入死亡，才能脫離時間和空間的侷限，因為死亡既不能逃離，也無法掌控，遂引發人類對生命強烈的茫然之感，這是人類最巨大的困境。每個人都注定是被時間永遠解僱的錶，也都會是一張被放完的唱片，在時空的漩渦中如塔般的倒塌，但詩人並未被死亡所打倒，反而將生與死視為一體的兩面，融入在一個永恒的概念中：「太陽無論從哪一邊來／總有一邊臉流在光中／一邊臉凍成冰河」，生和死往來循環，人知曉生命必將終結方能把握時光，並傳承知識與文化為下一代的生命開啟先機，死亡的宿命既無可逃避，故反過來可藉死亡肯定生命的意義與價值，所以羅門說：「生命最大的迴聲，是碰上死亡才響的，站在『死亡之塔』上我更看清了生命。」[32]

　　　　而它是光　我們是被透過的玻璃

　　　　　它是玻璃窗　我們是被納入的風景

---

32 引自羅門：〈死亡之塔〉前言，《自我‧時空‧死亡詩》，頁 53

它是造在風景上的塔　　我們是被觀望的天外[33]

以光和玻璃窗，玻璃窗與風景，塔與天外來形容死亡和人類的關係，死亡能穿透生命；統攝全體，人與死亡相互觀照，由往上提昇的精神力量通過痛苦的掙扎，把本是侷限的生命推向永恒，而獲得無限舒展的境地。心理的時空在 N 度的靈視的迴旋中往上進入永恒而無限的世界，壯闊雄渾的氣勢展現極大的時空跨度。羅門詩常運用有節奏的動感語言和想像豐富的比喻展現「修辭的雄渾」，如〈野馬〉：

將前腿舉成閃電

吼出一聲雷

然後放下來

竟是那陣

追

風

而

去

的

雨

奔著山水來

衝著山水去

「舉成」、「吼出」、「追風」、「奔著」、「衝著」這些動詞表現時間和運動，具象描繪野馬的動態，呈現激昂奮發，豪放雄邁的生命律動，語言的動態之美使事物的雄偉形狀、線條和動感構成視覺的震懾實感。

---

[33]引自羅門：《自我‧時空‧死亡詩》，頁 53-70。

除了天地線

　　牠從未見過韁繩

除了雲與鳥坐過的山

　　牠從未見過馬鞍

　　除了天空銜住的虹　　大地啣住的河

　　牠從未見過馬勒口

除了荒漠中的煙

　　牠從未見過馬鞭[34]

野馬所見的韁繩、馬鞍、馬勒口、馬鞭是天地線、山、虹、河和
荒漠之煙，這一種比喻將不相關連不同性質的自然雄闊的意象，
在概念上和野馬的奔放自由接合起來，野馬的不羈在這些想像力
豐富的比喻中顯然可見。

　　羅門也常運用大自然的意象表現「自然的雄渾」，如〈大峽
谷奏鳴曲——詩與藝術守望的世界〉以自然的意象與人類精心的
建築相互對照，使「自然的雄渾」更加突出：

大峽谷

你驚人的深度

帝國大廈與紐約商業大樓

　　　　　聯手也摸不到底

下去是沒有階梯的沉靜

再威風的凱旋門

也無法從那奧祕中旋出來

長期的沉思默想

一塊塊靜觀的石面

34引自羅門：《自然詩》，頁103-104。

都是鏡[35]

大峽谷刻劃出永恒歲月的軌跡和無窮廣闊的空間，帝國大廈、紐約商業大樓與凱旋門等人類窮盡心力建構的雄偉建築也無法望其項背，大峽谷驚人的宏壯雄偉映襯人類形體的渺小，而一塊塊石面都是無窮歲月的見證者。又如〈飛在雲上三萬呎高空——讀詩看畫〉：

> 但拿到雲上來看
>
> 都得化為那無限的遙望
>
> 望到無邊的廣闊
>
> 只剩下透明
>
> 世界便留下
>
> 最後一個畫廊
>
> 　　給自己用
>
> 其他的都埋入雲山
>
> 誰曾在此畫過
>
> 展過
>
> 而一幅幅不能畫的畫
>
> 都氣勢逼人的
>
> 自己跑來
>
> 逼使我雙目
>
> 跪下來看[36]

飛在雲上三萬呎高空可感受語言所無法形容的崇高感，雙目跪下來看宇宙畫廊，是對大自然不由自主的臣服，即使世間最偉大的

---

[35]引自羅門：《自然詩》，頁 91-92。

[36]引自羅門：《自然詩》，頁 79-80。

藝術家也無法畫出與浩瀚宇宙相抗衡的作品，而這種飛行於雲端的情景是身處「第一自然」的古人無法親身體驗的，時間與空間在此均失去意義，這一種新的美感經驗可以開拓和古人迥異的創作領域。宇宙的永恒和無限使人暫時隔絕現實功利，提昇自我，由更高更遠的角度觀看人生。

在羅門詩中可體會的雄渾的風格，符合如隆嘉納斯所稱的五種「the Sublime」的來源，有形成偉大觀念的精神力量，並具熾熱豐沛的情感；辭藻的修飾和意象的比喻壯美昂揚，加上動詞的巧妙運用使得景色生動而氣勢勃發，而詩句組合更流露宏闊雄奇的整體效果，此種雄渾的美感意識是開拓羅門詩宏大詩境的主要因素。

第四節　扭曲時空的反諷思維
開拓言外之意

詩歌是最重視想像力的一種文學形式，以啓示性的象徵刺激讀者的時空聯想。詩歌意蘊含量之多寡及傳達性的明晦，可決定對讀者審美想像的刺激，中國詩重視含蓄，是以儒家傳統的詩教有言近而旨遠、語約而意深的表達方式。《文心雕龍・隱秀篇》云：「隱也者，文外之重旨者也。隱以複意爲工。」詩有多重的意蘊方能咀嚼再三。被歸屬於中國詩評神韻一系的如司空圖則在〈與李生論詩書〉曾言：「辨於味而後可以言詩也。」並舉醋鹽爲例子，認爲好詩應如酸鹹調和之後的味外之旨，使詩能「近而不浮，遠而不盡」，才能談「韻外之致」。如此作品有多層的結構及充分的語義信息，方能激發讀者思考與聯想的空間，在作品的餘味不盡之中，使讀者參與創造詩歌的豐富內涵。《二十四詩

品》又安置〈含蓄〉品正揭示中國詩追求言外之意的美學要求。
自《詩經》、《楚辭》以來，中國詩諷諭政治而「興託深遠」，
並運用「命意曲折」之法以避免詩的意脈太過清楚，而造成詩的
直露乏味。詩的主題於是隱藏於託物言志的意象之間，使義脈內
注，而以少量的語言表現豐富的情感，用有限的文字傳達無限的
時空事象，引發讀者的聯想，使之觸類旁通，自由的補足句子間
的空白，創造以讀者自身情感經驗融合而成的「象外之象，景外
之景」，如此便可達含蓄之境了。

　　詩歌如何才能飽含弦外之音或言外之意？蘇軾在評柳宗元的
〈漁翁〉一詩時，提出一個重要的詩學觀念——「反常合道」。
他認為：「漁翁夜傍西岩宿，曉汲清湘燃楚竹。煙消日出不見人，
欸乃一聲山水綠。回看天際下中流，岩上無心雲相逐。」最後兩
句可以去除，因為詩以奇趣為宗；反常合道為趣。[37]前四句已將漁
翁由顯而隱，山水由隱而顯表現出來，漁翁和大自然融合一體的
悠然情趣在「欸乃一聲山水綠」之處已飽滿完足，柳宗元又以末
二句交代漁翁的去處，若直言無心，便是有心，反而全無餘蘊了。
「反常」是指將相反的情景、狀態組合在一起，但卻引發另一種
令人思索的奇趣。「合道」是指這種組合出人意料但卻合乎認知
的邏輯，而令人回味無窮。跳脫習慣性的聯想，使用另一種新奇
的意象，或誇張的想像，或賦予無生命物真摯的情感。在詩的形
式上，則可不用習慣的連接詞，或改變字的詞性和用法，所謂「無
理而妙」。美國的布魯克斯(Cleanth Brooks) 說詩的最好結構是矛
盾語法(Language of Paradox)或矛盾情境(Paradoxical situation)，詩
的句子或情境表面上看起來荒謬而不近情理，但是綜合思考後能

37　參見《冷齋夜話》(毛氏汲古閣刊)，十卷本，卷五。

找出微妙且合理的意義，這種語言和情境才能引發聯想，寫出時空生命的真義。[38]在中國的古典詩裡有很多表面上不近情理，造成的意境卻能使讀者吟詠再三，爲之讚歎，如：王維的〈漢江臨泛〉：「江流天地外，山色有無中。郡邑浮前浦，波瀾動遠空。」江流違反常理而流到天地之外？山色爲何似有若無？但仔細一想，詩人以非常狀態處理普通的事物，以一種新鮮驚訝的態度觀照江流浩遠，因爲地球是圓的，遠望江流似乎是流向大地之外。山色迷濛是因遙視且霧氣迷漫的作用，而使遠山似有若無。將我們習以爲常的情境，用不凡的心態去感受，是詩人心靈的偉大之處。如同超現實主義表面違背常理，但事實上卻含有事物的真相，達利的〈幻像的鬥牛士〉這幅畫在層層的維納斯神像的遺蹟廢墟之間，出現一名鬥牛士的身影，傳統和現實重疊，象徵我們現代的文明也是建立在廢墟之上，在時空的壓迫下，有朝一日也會成爲廢墟，所謂現代也會變成傳統。這種矛盾語法的情境能激起讀者深刻的反思，依照自身的生活經驗對詩作各種解釋，達到知其妙處在筆墨之外的目的。

羅門詩大量運用矛盾語法及矛盾情境，破壞常態，將不同時空互不相容的事物併置在一起，自然的形成反諷，使普遍而習慣性的語言重新復活，而能準確呈現現代人生存的荒謬之感。在羅門的都市詩與戰爭詩中，大量使時空扭曲變形，造成反諷的張力，而凸顯主題的意義，並使詩句在欲說不說間耐人尋味。深究羅門詩反常合道的手法，可歸納出下列數點：

一、主體與客體互換空間之秩序，在不合理中隱含真義

---

38 參見王潤華：〈詩的結構〉，《中西文學關係研究》，臺北：東大圖書公司，1987 二版，頁 44。

試看羅門的〈車禍〉這一首詩：

> 他走著　雙手翻找著那天空
>
> 他走著　嘴邊仍吱唔著砲彈的餘音
>
> 他走著　斜在身子的外邊
>
> 他走著　走進一聲急煞車裡去
>
> 他不走了　路反過來走他
>
> 他不走了　城裡那尾好看的週末仍在走
>
> 他不走了　高架廣告牌
>
> 　　　將整座天空停在那裡[39]

一位老兵沒有死於戰爭，而死於繁忙都市的車禍裡，「天空」代表他在現實生活中所追求的東西，唯利是圖的冷漠都市對老兵生命的消逝無動於衷，當他走進急煞車裡去，路反過來走他；當他不能走了，城市仍照樣的運作，「將整座天空停在那裡」是注定老兵永遠追求不到他想要的，而虛偽浮華的都市仍舊繼續消融現代人的生命與靈魂。主體與客體的互換，挖掘現代都市荒謬表面下實際的人生意義。再看另一首〈都市・方形的存在〉：

> 天空溺死在方形的市井裡
>
> 山水枯死在方形的鋁窗外
>
> 眼睛該怎麼辦呢
>
> 眼睛從車裡
>
> 　方形的窗
>
> 　　看出去
>
> 立即被高樓一排排
>
> 　方形的窗

---

[39] 引自羅門：《都市詩》，頁 95。

看回來[40]

由理性的事實而言，人們從鳥籠般的市井，公寓的方形窄窗望向
天空和山水。但是羅門以矛盾的主客體秩序相反來述說，方形溺
死天空，方形枯死山水。眼睛從方形的窗看出去，看不到曠野，
觸目所見皆是密密麻麻的高樓，所以說被方形的窗看回來。主客
體的秩序相反，將都市人視野及心靈被侷限而窘迫的事實揭露出
來。〈流浪人〉一詩亦然：

> 他向樓梯取回鞋聲
>
> 　帶著隨身帶的那條動物
>
> 讓整條街只在他的腳下走著
>
> 一顆星也在很遠很遠裡
>
> 　帶著天空在走[41]

孤單的流浪人只有影子為伴，「讓整條街只在他的腳下走著」，
主體與客體換位更突顯漫漫長路只有流浪人孤獨的身影，此時再
以一顆孤星帶著天空在走的情景，更映襯流浪人孤寂無助的落
寞。另一首詩〈窗〉則更加能見出矛盾語法在羅門詩中運用的靈
活：

> 遙望裡
>
> 你被望成千翼之鳥
>
> 棄天空而去　你已不在翅膀上
>
> 聆聽裡
>
> 你被聽成千孔之笛
>
> 音道深如望向往昔的凝目

---

[40]引自羅門：《都市詩》，頁82。

[41]引自羅門：《素描與抒情詩》，頁43。

　　猛力一推　竟被反鎖在走不出去
　　　　　的透明裡[42]

詩中的你具有精神和形體，在精神脫離形體之後而飛翔、發聲，形體的你反而成爲被望、被聽的對象，這是將主體與客體互換，更顯現精神脫離形體而自由遨遊。末節的「透明」與「走不出去」置放在一起，更是矛盾情境的具體呈現，形體的桎梏、時空的限制是人永遠無法超越的事實，除了死亡，無論如何「推」都難以超脫，故被鎖在走不出去的透明裡，在這種矛盾的諷刺中，更見人生的悲哀。

二、以出奇的想像穿梭時空之間，而湧現新意

　　羅門詩的出眾之處在於他豐富的想像力，往往破空而來，耐人尋味，在過去、現在和未來的時空來回穿越。〈一把鑰匙〉這首詩云：

　　砲聲把他叫成
　　　　　雲
　　窗天空與凝目
　　　　常看到他
　　他飄得較砲聲遠
　　……
　　聽不見那砲聲
　　他望著腿上被砲聲
　　　　開的那朵花

---

[42]引自羅門：《自我‧時空‧死亡詩》，頁75。

> 放的那隻蝶
>
> 春天怎會是這個樣子
>
> ……
>
> 夜把他埋成那尊砲
>
> 一擡頭　打出去的
>
> 全是家鄉的星子
>
> 而明月呢
>
> 低下頭來　才知道星子是淚做的
>
> 砲聲是哭成的

一位飽經戰亂而被迫流浪異鄉的中年人，斷了一隻腿，在炮聲的回憶與思鄉的情愁中往來徘徊，無法獲得解脫。以春天的花和蝴蝶形容腿上受創的傷口，是很奇特的對比；穿越時空追尋家鄉的星星與明月，卻只能在夢中哭醒，「星星是淚做的／砲聲是哭成的」，奇思出人意表。以故鄉的星星和砲聲來作為轉換時空的關鍵，使我們彷彿能看到上一代在戰爭中離鄉背井的苦難。

> 苦苦的站在那隻斷腿上
>
> 他將自己捏成那把滴血的鋸
>
> 不　　　那是一把鑰匙
>
> 而天空　你的門呢
>
> 你門上的那把鎖呢[43]

斷腿顯示戰爭的可怕，只有鑰匙，卻找不到門和鎖回家，是多麼悲哀的諷刺。另一首〈週末旅途事件〉在時空扭曲交錯中，將現代與過去並置，在這一寬闊的時空差距之間，可插入無數的畫面，有待讀者補充想像，如：

---

[43] 引自羅門：《戰爭詩》，頁 77-79。

進站的汽笛聲

拉著警報來

響來戰爭的年月

一陣慌亂

大家都往防空洞裡逃

坐定下來

竟是觀光號車廂

……

往事把車窗

　磨成一片朦朧

一切好近

　又好遠

只是兩小時的車程

竟在記憶裡

　走了三十多年[44]

進站的汽笛聲使人聯想戰爭歲月的警報聲；過去防空洞與現在觀光號列車的意象並置，在時空的交錯中，一切好近又好遠，三十多年來的記憶，在兩個小時的車程裡快速流過，在現實世界中引發聯想的反諷的語辭，蘊含過去沉痛的人生經歷，沒有慘痛激動的詩句，淡淡幾筆卻能擊發心中最深處的悲哀。

三、動詞運用新穎，造成視象至心象轉化的驚異性

羅門對動詞的使用十分巧妙，使視象在拼貼之間獲得新奇的動感，布魯克斯所謂「矛盾語法」：把互相矛盾或差異很大的情

---

[44]引自羅門：《戰爭詩》，頁 80-82。

景組合在一起，卻形成平衡，並生發出無窮的言外之意。視象間的變形轉化，使羅門詩給予日常事物奇異的魅力，動詞連接視象的變形轉化，超越一般的用法，如〈長城上的移動鏡〉：「本來櫻花牌軟片在陽光中／已笑成那條彩色的旅程」[45]，本來只是要說人遊長城，快樂歡笑的在陽光中拍照，而這裡卻將櫻花牌彩色軟片擬人化，「笑成」那條彩色的旅程，笑的動作不但使無生之物的軟片變成了有生之靈，同時把遊客暢遊長城的歡笑之態隱隱地全盤托出，動詞的用法新奇有趣，令人讚歎。又如〈窗〉：「遙望裡／你被望成千翼之鳥」「聆聽裡／你被聽成千孔之笛」[46]、〈死亡之塔〉：「當落日將黑幕拉滿／帆影全死在海裡」[47]。這些詩行以笑成、望成、聽成、拉滿等新鮮的動詞新闢視象的另一境域，使不同的視象拼合，造成驚異的效果。在〈旅途感覺〉這一首詩，動詞的使用則打破常規：「大地奔著過來／天空衝著過去／把圓圓的遠方擲給我」但是卻很逼真的表達坐在車子裡的感覺。「車窗外／許多遠遠近近的路在追趕／在搶先／在糾纏」則很生動的表現窗外公路迴旋的樣子。「只有水平線知道／那都是飄忽在／風景中的彩帶／全用來結紮鄉愁」[48]把公路形容成彩帶，並用來「結紮」鄉愁，將無生命的事物賦予情感，含蓄的流露詩人飄流異鄉的愁思，並表現羅門詩豐富的想像力。

　　由以上的解析，可知羅門在反常合道的思維中，一直採取主客換位、時空穿梭以及以奇特動詞連接視象轉化的方式進行扭曲時空，這種違反常規思維的新奇想像與新奇組合，往往予人矛盾

---

[45]引自羅門：《戰爭詩》，頁 109。

[46]引自羅門：《自我‧時空‧死亡詩》，頁 75。

[47]引自羅門：《自我‧時空‧死亡詩》，頁 53。

[48]引自羅門：《自然詩》，頁 117。

的張力與領悟後的驚異，物雖胡越，合則肝膽，遠距無關之物以及與物無關的動作，當它們被羅門出人意表的縮合或拼貼在一起，全部在矛盾的碰撞中躍昇新的意義，潛隱的意蘊含量讓讀者玩味不盡，讚歎不已！

第五章　羅門詩的時空象徵意象

　　意象是作家對外界的物象，經內在情思的融鑄，以主觀的心意、審美思考和審美客體的物象交融，再用語言文字展現，成為浮現在主觀情思中一幅幅單一的圖畫，也是詩構成的基本單位和主要的符號元素。劉勰在《文心雕龍》的〈神思篇〉中第一次標舉「意象」這個詞：「然後玄解之宰，尋聲律而定墨，燭照之匠，窺意象而運斤，此蓋馭文之首術，謀篇之大端。」詩人的心思因外界物象的觸發而以比喻、聯想、想像的方式對客觀世界具體的投射，突破時空限制進行越界思維，透過語言作詮釋與顯現，故意象是詩人主觀情意與客觀對象的複合體。一首詩可能由各種意象結合而成，同一個物象在注入情意不同的情況下，所構成的意象亦大相逕異。如：李白的月亮意象有二百多種，十分驚人。扶搖直上青天的大鵬、遨遊天際的飛仙，或瀑布、大江、美酒、摯友這些意象可象徵李白的理想，顯現他的生活，並形成詩歌獨特的風格。分析李白詩歌的意象，才能得出他風格的飄逸是由何而來，「飄逸」不再是毫無根據的概念而已。西方意象派[1]的「Image」是指運用比喻、聯想和想像所形成的具體而鮮明的形象，不僅對已知事物的再造，也是對未知事象的再造，並可適切的表達個別事物，用具體意象去暗示情感，而非處理一般的概念。「因而一

---

[1] 西方意象派（imagist）詩人由 1914 年起，先後出版六部《意象派詩選》；大都以自由體的形式創作短小篇幅的詩歌。其中龐德為大家比較熟知。

首成熟的詩往往把『意義顯露性至為明顯的敘述』去掉，而利用意象的飛躍，以期達到心象全貌的放射。」[2]人類在社會中接受長期形成的審美機制，受集體無意識的影響，可不斷挖掘心物的感應關係，而形成穩定的聯繫，如：詩人以楊柳依依表達離別的哀愁；月亮和雁更是秋日思鄉的重要意象，不會直接將「離愁」、「思鄉」放入詩中。意象派的主將龐德(Ezra Pound)受到中國詩運用意象的影響，並以之作為意象派的典範，以具體生動的意象表達抽象的觀點，而不是作直線式、口號式的說明，可使讀者對詩的藝術形象產生審美的愉悅，並構成與作者作品中原來意象不同的再生意象，這是讀者自己補充發展原作的意象，和作者共同完成的創作。是以羅門視意象世界為詩人精神與心靈的原子爐，「對象 A，經過聯想力引入內心經驗世界，觸及同位質性的潛在意象 A１、A２、A３、A４而交溶成 AN，美感意象的無限效果。」[3]羅門繼承中國古典詩中意象的觀念，如他在〈打開我創作世界的五扇門〉說：

> 比的明喻性：如蘇東坡的「明月如霜，好風如水。」透過意象表現詩的美妙意涵。象徵的暗示性：如「春蠶到死絲方盡，臘炬成灰淚始乾。」透過多元的意象，以象徵的暗示性透露詩的微妙意涵。超現實的直覺緣發性：如「黃河之水天上來」使意象在忘形中，隨著超現實表現潛意識的直覺緣發性，去

---

[2] 引自葉維廉：〈詩的再認〉，《從現象到表現》，臺北：東大圖書公司，1994，頁 285。

[3] 引自羅門：〈打開我創作世界的五扇門〉，《羅門論文集》，臺北：文史哲出版社，1995，頁 13。

全面呈現出詩的驚異的無限頓悟的精神內涵力。[4]

而且又向西方現代派詩歌借用象徵的藝術，故著重創造獨特的象徵意象：

> 「人」的建築是有眼睛的，你看到窗，便聯想窗是「房屋的眼睛」甚至因窗是瞭望風景的，你可聯想到窗是「飛在風景中的鳥」。[5]

　　窗的意象在羅門詩中是由房屋往外探視，具體可感的窗；是心靈對外界透視的窗，也是生命本質存在的窗。因此羅門的優秀作品既能運用獨特的象徵意象，使詩的內涵深廣，蘊含暗示性，又可避免如西方意象派晦澀的弊病。對於時空的意象，羅門抓出心中物的實存意義，以語言展現，並突破物的限制，擴展詩無限的想像。羅門詩有關時空之意象常一再重複，象徵時間的意象如：鐘錶、鏡子、輪子、流水；象徵空間的意象如：圓、塔、方形、玻璃大廈、街道、曠野；代表永不休止的原始生命力基型的意象如：山、海、河；呈現永恆的意象如：天空、螺旋、燈屋、燈塔；顯示時空探索的意象如：窗、眼睛、翅膀、鳥。在代表原野、山林等空間的「第一自然」與方形、玻璃大廈、街道等代表都市空間的「第二自然」中，人為中介因子，由於「第一自然」已被「第二自然」逐漸吞噬，故羅門以窗、眼睛、翅膀、鳥等象徵人的靈視，企圖將內在心靈世界轉化為純粹深遠的存在之境，即「第三自然」的永恆之境。就羅門詩的造句法而言，實質上並不是文字表面的結合，而是在意象的上限、下限間取捨後，進行意象內在「義脈內注」的結合，其特色是氣勢一貫，意象跳動。羅門尤其

---

[4] 引自《羅門論文集》，頁 13-14。

[5] 引自《羅門論文集》，頁 12-13。

著重運動狀態下的時間、空間意象，具有流動美的意象較靜態的意象更能使詩歌有畫龍點睛之妙，故時間、空間之中的動態意象是羅門詩生命的核心。羅門寫露背裝：「原來那是二十世紀新開的天窗／眼睛遂都亮成星子／把那片天空照得／閃閃發光。」[6]以路人的眼睛亮如星星，照得天空閃閃發光的活動情態，形容女子身穿露背裝，有若二十世紀新開的天窗，充滿魅惑之感。動態的意象能帶動讀者無限的想像力。

外在的物象均在特定的某一時間、空間中運轉，詩歌反應現實情景，抒發某一時空之所感，則必須注意在時空中運動的意象，自《第九日的底流》之後羅門的意象世界臻於成熟，尤其是時空意象的布置在詩中十分的富於變化，與前期作品相較，意象的表達多於敘述的說白，比興的運用多於鋪陳直述。羅門詩中，無論是時間或空間的象徵意象，都是為了挖掘心靈，全力表現自我，面對空間緊縮、速度加快的現代都市，人類的精神生活不受重視，自我的追求也受到侷限，詩人肯定現實世相，探索生活的本質與奧秘，使自我昇華，趨於永恒，運用永恒超脫的時空象徵傳達詩人生命的本體。本章將深入探討羅門詩中的時間與空間的象徵意象，及超越時空的永恒象徵意象在詩中的作用，而挖掘羅門詩的內在本質，並注意其布置與運用之法，考察其如何表現詩人心中對生命存在的感知和反省，而形成《第九日的底流》之後奔向無限寬廣的「第三自然」意象世界的創作方向，並由此形成羅門詩探索人類內在精神領域，多元而知性的風格。

詩歌的時空意象組合和蒙太奇的時空轉換相似，羅門運用電影中蒙太奇的藝術處理，掌握時空意象，而促使意象跳動，起伏

---

6 引自羅門：《都市詩》，臺北：文史哲出版社，1995，頁 101。

跌宕，在時間和空間之中來回穿梭。羅門自己說過：「自四十七年拋開浪漫詩風過後，是急速且不斷地向現代新的生存層面、新的心象活動世界，去探索與極力塑造那具有『現代感』、『現代精神意識』，以及至爲繁複、尖銳與具強大張力的意象語。」又云：「大致可看出我語言的走向─是由早期想像任放與較淺明的直敘的語態（如《曙光》時期的詩例），轉變爲中期意象繁複、繽紛、複疊與較深入的悟知語態（如《曙光》時期以後的詩例）。」[7]以 1957 年的作品「鑽石的冬日」這首羅門的前期作品爲例：

冬日！

人類夏日得來的急躁同深秋感染上的憂鬱病是好轉了，

在你深綠色空氣的冷林中，

詩神常帶著牠機敏可愛的獵狗。

經過保險的鑽石的冬日─靈魂的無波港！

生命的海，呈現在你面前，沉靜而均衡，

情感突出的懸崖全倒了，

在你陽光的溫鄉，自由新生的歡望如飛鳥成群。[8]

在這首詩中，眾多美的意象錯綜羅列在一起，「夏日的急躁」、「深秋的憂鬱病」、「生命的海」、「情感的懸崖」、「陽光的溫鄉」各自展延其含義，產生平面的聯屬關係，讀者很容易感受作品豐富的想像力和流暢的氣勢，但是比起《第九日的底流》之後，詩中意象間穿梭時空，立體的相互交感，並超越原有之意象而產生象外之境，可就遜色多了。以〈彈片‧TRON 的斷腿〉爲

7　引自羅門：〈我的詩觀與創作歷程〉，《自我‧時空‧死亡詩》總序，臺北：文史哲出版社，1995，頁 23-30。

8　引自羅門：《題外詩》，臺北：文史哲出版社，1995，頁 49。

例：

> 一張飛來的明信片
>
> 叫十二歲的 TRON 沿著高入雲的石級走
>
> 而神父步紅毯
>
> 　子彈跑直線
>
> ……
>
> 而當鞦韆昇起時　一邊繩子斷了
>
> 整座藍天斜入太陽的背面[9]

TRON 是被子彈擊斷腿的越南小女孩，明信片是指子彈，連神父也無法幫他，戰爭扼殺小女孩成長的希望，快樂的盪鞦韆是小女孩應有的權利，但是 TRON 的腿斷了，就像「一邊繩子斷了」一樣前景一片黑暗，屬於她的「整座藍天斜入太陽的背面」。以具體空間超越常理的移動意象震撼讀者的視覺，產生聯想與移情作用，因憐憫小女孩而覺察戰爭的冷酷，同情受苦人民的無奈。由此確知自《第九日的底流》之後，羅門詩已轉以意象的立體空間感與流動的時間性構築詩國，並以螺旋型的方向奔往心靈的「第三自然」。

第一節　時間的象徵意象

　　羅門詩的時間象徵意象中有鏡子、輪子、鐘錶等主題意象，可分析羅門詩如何挖掘自我，展現其時間意識和死亡觀。

一、鏡　子

　　銅鏡在殷墟出土，證明中國很早便有使用鏡子的習慣。照鏡

---

9 引自羅門：《戰爭詩》，臺北：文史哲出版社，1995，頁 84－85。

子的動機和臨鏡時的心理反映在許多文本裡不斷重複出現，如此鏡子便有普遍的象徵意義。攬鏡自照，感受時光的流逝，人們會因容顏的日漸蒼老、憔悴而恐懼緊張，故杜甫〈覽鏡呈柏中丞〉：「鏡中衰謝色，萬一故人憐。」顧影自憐，自歎衰老。李君虞〈立秋前一日覽鏡〉：「萬事銷身外，生涯在鏡中。惟將兩鬢雪，明日對秋風。」鏡子反映時光的荏苒；青春的消逝，引人嗟歎。又鏡子能反光並據實照影，能喚起臨鏡者情感的投射。如馬戴〈落日悵望〉：「孤雲與歸鳥，千里片時間。念我何留滯？辭家久未還。微陽下喬木，遠燒入秋山。臨水不敢照，恐驚平昔顏。」以落日景色映照羈旅不歸的抑鬱。自身如孤雲飄泊，久未歸家，而感受遼闊的空間與急速飛越的時間。落日餘暉象徵自己悵然的情緒，心中鬱悶，不敢以水當鏡去看見自己蒼老而悲傷的容顏。在羅門〈第九日的底流〉說：

> 困於迷離的鏡房　終日受光與暗的絞刑
> ……
> 於靜與動的兩葉封殼之間
> 人是被釘在時間之書裡的死蝴蝶
> 禁黑暗的激流與整冬的蒼白於體內
> 使鏡房成為光的墳地　色的死牢
> 此刻　你必須逃離那些交錯的投影
> 去賣掉整個工作的上午與下午
> 然後把頭埋在餐盤裡去認出你的神
> 而在那一刹間的迴響裡　另一隻手已觸及永恒的前額

歲月無情的流逝，面對鏡房，在照影當中引發死亡的恐懼：「於靜與動的兩葉封殼之間／人是被釘在時間之書裡的死蝴蝶」，在這種無法逃避的壓力下，臨鏡者以類似於夢境之中的象

徵手法，宣洩潛意識的壓抑感，整個意象如在幻境中：「禁黑暗的激流與整冬的蒼白於體內／使鏡房成為光的墳地／色的死牢」故在屈服於時間與死亡之前，必須逃離迷亂的困境，去探索精神與心靈的深處，在與神交會的那一剎那間，已觸及永恒的存在。

> 如此盯望　鏡前的死亡貌似默想的田園
>
> 黑暗的方屋裡　終日被看不見的光看守
>
> ……
>
> 吊燈俯視靜廳　迴音無聲
>
> 喜動似遊步無意踢醒古蹟裡的飛雀
>
> 那些影射常透過鏡面方被驚視[10]

　　鏡子的影象不但詳實的反射臨鏡者的形貌，更有感情的投射，存在的自覺必須透過自我的省思方能叩尋，故鏡前的死亡對人而言，如靜默的田園般無邊無涯，且其神秘感如置於方屋裡，籠罩在黑暗中，終日被看不見的光看守。「那些影射常透過鏡面方被驚視」，故鏡面有追求真實自我的寓意。〈死亡之塔〉說：「歲月已默視無目／張望無窗／世界便似鏡被捏碎」「鏡子一望便響成鬧鐘／響成一種計時系統」[11]現代人在生命短促的窘迫中，無法逃離時間的追逐，鏡子忠實的反應時光的無情，人們或悲觀墮落，或沉溺於享樂狂歡的物慾中，被時間所擊敗。至於宗教的救贖，羅門認為：「是人在不可避免的死亡絕望之中，便到神那裡去呼救，個別的自我被時空擊敗後，受傷的靈魂在無望中所浮現起來的一個美麗的幻覺世界。」[12]但是在死亡的臨界點上，人們

10　引自羅門：《自我‧時空‧死亡詩》，臺北：文史哲出版社，1995，頁
　　47-49。

11　引自羅門：《自我‧時空‧死亡詩》，頁 53-70。

12　引自羅門：〈現代人的悲劇精神與現代詩人〉，《羅門論文集》，頁 55。

對生命的反省才能更深刻,生命意識是由死亡引發的,對人存在
問題的根本性思考,甚而能觸及永恒的存在,透過死亡而認知生
命。故羅門在〈死亡之塔〉一詩的序言說:「生命最大的迴聲,
是碰上死亡才響的。」[13]人無法逃避死亡的追逐,在痛苦和鬥爭中
證明自己的存在,才能站在時空的角度深入發掘自我。

　　〈螺旋形之戀〉詩序說:「在我的燈屋裡,唱盤旋出螺旋形
的年輪,音樂旋成螺旋形的心靈世界。」[14]在這個富足的詩與藝術
的國度裡「透明似鏡／光潔似鏡」[15],永恒不朽的「第三自然」螺
旋形的超時空中,生命獲得豐美的滿足,甚而是超越宗教到「一
種等於上帝又甚於上帝的存在」[16]的地步,這種孤寂自在的生命觀
已超越人類肉體的侷限,使存在藉著將自我的精神投入詩與藝術
之中,而獲得不朽,故〈大峽谷奏鳴曲─詩與藝術守望的世界〉
說:

　　大峽谷

　　你驚人的深度

　　帝國大廈與紐約商業大樓

　　　　　　聯手也摸不到底

　　下去是沒有階梯的沉靜

　　再威風的凱旋門

　　也無法從那奧秘中旋出來

　　長期的沉思默想

　　一塊塊靜觀的石面

13　引自羅門:《自我‧時空‧死亡詩》,頁 53。
14　引自羅門:〈螺旋形之戀〉附註,《素描與抒情詩》,頁 135。
15　引自羅門:〈螺旋形之戀〉,《素描與抒情詩》,頁 136。
16　引自羅門:〈螺旋形之戀〉,《素描與抒情詩》,頁 139。

都是鏡[17]

　　自然所創造的大峽谷，人類的物質文明永遠無法超越，帝國大廈、紐約商業大樓與凱旋門都無法與它相比擬，一塊塊經歷千萬歲月的靜觀石面如同鏡子，不但映照時空的流變也是人類心靈的反射，象徵詩與藝術的世界不受時空的束縛。羅門說：「只有執著地從勢利與世俗的層層阻力中超越，步入最孤寂的時刻，使自我世界成為最明亮的鏡面，才能步入最純正的創作生命。」[18]探索者、開拓者必先行於群眾，能忍受這種生命意識的孤獨感，才能變革物資世界，產生美的創造。

二、鐘　錶

　　鐘錶是現代人的時間代稱，象徵機械式的測度儀器不斷蠶食生命，使人依照鐘錶規律平板的生活，故〈第九日的底流〉說：「純淨的時間仍被鐘錶的雙手捏住」，「眼睛被蒼茫射傷／日子仍迴轉成鐘的圓臉」，生命流程無法逃避鐘錶的控制，被指針割裂成碎片，靈魂被凶禁在牢籠裡，人們內心的虛無與焦慮如同〈死亡之塔〉所說：

　　　磨碎鐘錶的齒輪　也磨不斷你的沉視

　　　將自我拋入指針急轉的渦流裡　你圖逆旋

　　　那互撞　較擊劍還曉得致命的傷口

除非是死亡，否則無法逃離這種身陷時間的渦流，無法掙脫宿命的悲劇，大部分的人便因無法逃避而日益墮落。〈都市之死〉：「你是那隻跌碎的錶／被時間永遠的解僱了」，「如穀物滿足農

---

[17] 引自羅門：《自然詩》，臺北：文史哲出版社，1995，頁 91-92。

[18] 引自羅門：〈東方與五月二十五年回顧聯展有感〉《論視覺藝術》，臺北：文史哲出版社，1995，頁 51。

村／人是堆在鐘齒上的糧食／滿足著時鐘的飢餓」，人的青春如
同糧食一般，被時間不斷的吞噬，最後步入死亡，永遠被時間解
僱。

> 時鐘與齒輪啃著路旁的風景
>
> 碎絮便鋪軟了死神的走道
>
> 時針是仁慈且敏捷的絞架
>
> 刑期比打鼾的睡眠還寬容[19]

時間啃蝕人的歲月，將人送至死神的面前；有如絞架，迅捷的處
理人的生命。歲月催人衰老，都市裡的現代人更在時空的壓迫下，
喪失思考的能力，每天只為生存忙碌，羅門詩鐘錶的意象是遏抑
人類精神的現代化生活的象徵，分秒必爭之下，終日辛勞只求溫
飽，日復一日的工作，詩人喟歎：「只為寫生存這兩個字／在時
鐘的硯盤裡／幾乎把心血滴盡」。〈生存！這兩個字〉[20]

三、輪　子

在羅門詩中，滾動的輪子意象代表時間的推移和歷史的變
遷。詩人因民國三十八年以來兩岸的隔離無法返鄉，在無盡的遙
望裡，青春如同滾動的輪子一般一去不返，〈賣花盆的老人〉云：

> 一陣警哨過來
>
> 他推著越來越沉重的車輪離去
>
> 有人看見他在輕快的口哨聲中
>
> 　　　　滾著鐵環[21]

一個退伍老兵在異鄉孤獨無依，以賣花盆為生，有時為了逃脫警

19　引自羅門：《都市詩》，頁 63。

20　引自羅門：《都市詩》，頁 110。

21　引自羅門：《戰爭詩》，頁 93-94。

察的取締，還得推著宛若沉重歲月的車輪到處躲避，而與當年在家鄉時的青春年少，吹著口哨，滾動鐵環的輕快神態，成為強烈的對比，在此無情的對照中，引發讀者深沉的同情與歎息。〈火車牌手錶的幻影〉云：

　　三十年

　　錶換了　心不換

　　鞋換了　路仍在走

　　車輪直喊著軌道

　　車窗追問著風景

飛快的時光之輪除了帶走詩人的青春年華之外，更留下漫漫的思鄉愁緒，三十年來，抗戰時期火車牌手錶和草鞋的記憶，永遠留在詩人的心裡。

　　……

　　我已同那條涼涼的石板路

　　　奔成村子裡的那陣風

　　　　如果還滾著鐵環

　　　　那該是一輛飛車

　　　　　　較現在快

　　　　時間發出笑聲

　　　　空間露出笑臉

　　……

　　　則所有的車輪都是離家的腳[22]

　　時空拉回在故鄉村子裡的石板路上，滾著鐵輪的年少時代，詩人沉浸在快樂的時光裡，所以「時間發出笑聲／空間露出笑

---

[22] 引自羅門：《戰爭詩》，頁 58-61。

臉」，與現實的火車相比，鐵環該是一輛飛車。最後詩人以車輪形容離家的腳，也暗示急於歸鄉的遊子心情。

第二節　空間的象徵意象

羅門詩的空間象徵意象中，眼睛、窗、鳥、翅膀等代表自我靈視的對外探索和逍遙在無限空間的不受羈絆。雲是自然的代表，玻璃大廈、方形與街道則是都市文明的意象。圓與塔的意象是東方與西方，自然與科技的象徵。

一、眼　睛

《莊子・知北遊》：「天地有大美而不言，四時有明法而不議，萬物有成理而不說。聖人者，原天地之美而達萬物之理，是故至人無爲，大聖不作，觀於天地之謂也。」聖人以眼睛觀看天地自然萬物，而通曉神明之德，將自然予以人文化，產生中國人特殊的觀物態度。羅門亦說：「確定生存的唯一意義與價值便是產生在靈魂的雙目透過沉痛之窗，在世界皆空中，沉靜地去注視人與宇宙的全部結局裡。」[23]詩人與藝術家以獨特的目光凝視萬物，將自我融入其中，建立一個全新的境域，這種靈視在詩中意象的進行之間，將與萬物聯繫的哲思化入其中，使人成爲時空和萬物活動的軸心。眼睛是靈魂之窗，在山水田野的「第一自然」裡，眼睛縱橫無阻，故〈窗〉說：「猛力一推／雙手如流／總是千山萬水／總是回不來的眼睛」[24]〈隱形的椅子〉：「風景流過雙目／雙目流入斑斕／斑斕流成迷離／眼睛裡的那條河／便也流

23　引自羅門：《羅門論文集》，頁68。

24　引自羅門：《自我・時空・死亡詩》，頁75。

成煙了」[25]。但是在人為的「第二自然」——都市中，眼睛被侷限
於高樓大廈及小小的一方電視之間。〈眼睛的收容所〉云：

> 跟紅綠燈接力跑的眼睛
>
> 跟公文來回跑的眼睛
>
> 跟新聞到處跑的眼睛
>
> 跟股市行情追著跑的眼睛
>
> 跟菜單腸胃齊跑的眼睛
>
> 跟女人乳峰上下跑的眼睛
>
> 跟刀槍與血路逃跑的眼睛
>
> 跟禱告往天堂直跑的眼睛
>
> 無論是近視遠視與老花
>
> 是帶眼鏡不帶眼鏡
>
> 跑了一整天
>
> 都一個個累倒在
>
> 電視機的收容所裡[26]

都市裡的人們在道路間奔波，趕著上班，工作忙碌不堪，但仍追
逐著各種社會新聞與股市行情，在生理上食色飽足之餘，也偶爾
向上帝禱告，下了班，回到家裡，身心也不得休息，電視是麻痺
心靈的工具，都市人卻視為收容所，這是多大的諷刺。故〈電視
機〉云：

> 入晚
>
> 眼睛都急著趕回家
>
> 小小的十六寸的家

25　引自羅門：《自我‧時空‧死亡詩》，頁82。

26　引自羅門：《都市詩》，頁104。

　　　是一座水晶大廈

　　　　　較星空明麗

　　　　　較天堂迷你[27]

在都市忙碌的生活之中，人們的眼睛被桎梏於追求物質的慾望，而喪失對內在心靈探索的本能，小小的電視機幾乎是都市人心靈的歸宿。張眼望去，「第一自然」的山水田野已被一幢幢玻璃大廈、密密麻麻的方形鋁窗所取代，故〈都市・方形的存在〉云：

　　天空溺死在方形的市井裡

　　山水枯死在方形的鋁窗外

　　眼睛該怎麼辦呢[28]

人們住在如鳥籠般狹窄的公寓裡，心靈被水泥大樓禁錮和窒息，天空和原野都被都市的方形吃掉了，象徵靈視的眼睛無法尋求出路，也被侷限在方形之中。〈玻璃大廈的異化〉一詩云：

　　坐著車出城

　　看玻璃大廈

　　　在飛馳的車窗外

　　　　　　很快解體

　　飛成一幅幅風景

　　溶入山水

　　化為煙雲

　　眼睛追不上

　　便轉回車內

　　望著空空的雙目

27　引自羅門：《都市詩》，頁 97。

28　引自羅門：《都市詩》，頁 82。

竟又看到另一座玻璃大廈

閃亮在那個鄉下小孩的

瞳孔裡

走過去

要五十年[29]

　　人為的「第二自然」已將田野逐漸侵吞，即使在城外，眼睛也無法追尋自然的風光，作為「第二自然」象徵的玻璃大廈已盤據人的視野，要回復到「第一自然」才能克服這種狀態，故玻璃大廈「飛成一幅幅風景」，解體為山水，但是這種理想終歸挫敗，眼睛已追不上山水，只有在鄉下小孩五十年前的記憶裡可尋回一、二。羅門的觀察力極端敏銳，他覺察都市的威力並承認這個事實，而揭示現代人的精神困境。臺灣七０年代經濟起飛，呈病態的都市姿容不斷擴張發展，摩天大廈盲目膨脹，雖表現都市繁華樂觀積極的一面，卻又產生墮落與徬徨的現代文明的特質，由西方引進的速食餐廳、咖啡廳、酒店應運而生，並產生中西文化的衝突，中國人集體無意識沉澱民族特有的秉性，如：珍惜自然，順應時序的農民意識、長幼有序的家族倫理，在城市文明的威力之下逐漸衰退。羅門的眼睛意象是「第一自然」和「第二自然」的觀察者和中介因子，在其中詮釋二者的對抗關係並藉由眼睛打開自我世界的深鎖，試圖為現代人的精神困境謀求出路，將自我以詩與藝術擴展，建立無限疆域的「第三自然」美的世界。

二、窗

　　窗是人的另一雙眼睛，人有往外拓展的慾望，透過窗可以遠眺凝望，在特定的時空中審美觀物，而溶入主觀的情感，如劉方

---

[29] 引自羅門：《都市詩》，頁107-108。

平的〈春怨〉：「紗窗日落漸黃昏，金屋無人見淚痕。」女子憑
窗獨望，青春漸逝的愁怨，透過紗窗外日色變化的意象流洩而出。
追蹤客體世界的本相，具有洞見力的窗口可永久抓住所有的張
望，靜觀萬物的浮沉生滅，如王昌齡〈同從弟銷南齋翫月憶山陰
崔少府〉：「高臥南齋時，開帷月初吐。清輝淡水木，演漾在窗
戶。苒苒幾盈虛，澄澄變今古。」悠閒的面對窗外的月亮，體悟
宇宙萬物之理。羅門〈窗的世界〉：

> 窗是大自然的畫框
> 也是飛在風景中的鳥
>
> 窗在田園　自動裝上遠距離廣角鏡頭
> 窗在都市　越來越近視
> 窗在遠方　鳥飛出翅膀
> 窗舒暢快活時　千山萬水不回首
> 窗被關發怒時　炮彈洞穿過層層厚牆
> 窗孤獨無聊時　一面擦亮寂寞的鏡子
> 窗闔目沉靜時　一口深山裡的古井
> 附近有人在打坐[30]

詩人的思緒透過窗，對應不同的客觀空間場景，而有不同的變化。
艾略特提出的「客觀應和的事象」（Objective Correlative）

> 能直接成為某種特別情緒公式的一組事物、一個情境、或
> 一連串事故，而且當那些外在的事物置諸我們的感覺經驗
> 之時，便能立刻直接喚起我們內心相同的情緒的東西。[31]

---

30 引自羅門：《自我・時空・死亡詩》，頁 76。
31 引自葉維廉：《從現象到表現》，臺北：東大圖書公司，1994，頁 66。
　　艾略特詩學中「客觀應和的事象」一語，也有人譯為「客觀對應物」。

這首詩以窗的意象統合各種客觀應和事象，不同的場景和心緒有不同的客觀對應事象，在田園；在都市；在遠方；舒暢快活；被關發怒；孤獨無聊；閤目沉靜之時，有著裝上廣角鏡；近視；鳥飛出翅膀；千山萬水不回首；炮彈穿過厚牆；擦亮寂寞的鏡子；古井附近有人打坐等對應。窗是詩人的心眼，敏銳的靈視可使大詩人深入生命的深海去作業，捕捉大魚，藝術之窗溝通生存空間和思維空間，故羅門極力強調觀察對詩人的重要性。

　　窗的意象在羅門的都市詩中出現的比率極高[32]，在都市的大廈，一個個方形的窗口，每個人都躲藏在自己的世界裡，冷漠的對望。「眼睛從車裡／方形的窗／看出去／立即被高樓一排排／方形的窗／看回來」[33]，在都市生活中，人與人之間缺乏交流，故冷漠而互不關心，眼睛由方形的窗看出去，立刻被同樣的方形窗看回來，這是反應對立的人際關係。「當煙霧把窗內窗外朦朧在一起／更看不出齒輪在鐘裡追的什麼／車輪在街上趕的什麼」[34]，在生活緊張而忙碌的都市裡，人忽視了存在的意義。「車窗裡的臉／全是停了的鐘」[35]，人麻木與停滯的心靈全部表現在臉上。「看著盆景裡小小的自然／坐對窗外不斷向空中旋上去的／一幢幢高樓」[36]，物化的城市使都市人的心窗困鎖，麻木於機械的生活之中，

---

[32] 羅門都市詩中有「窗」意象的詩有：〈都市・方形的存在〉、〈「麥當勞」午餐時間〉、〈咖啡情〉、〈露背裝〉、〈都市的落幕式〉〈玻璃大廈的異化〉〈都市　此刻坐在教堂作禮拜〉、〈寂〉、〈床上錄影〉、〈永恒在都市是什麼樣子〉、〈塞車的後遺症〉、〈古典的悲情故事〉共計十二首。

[33] 引自羅門：〈都市・方形的存在〉，《都市詩》，頁82-83。

[34] 引自羅門：〈咖啡情〉，《都市詩》，頁92。

[35] 引自羅門：〈塞車的後遺症〉，《都市詩》，頁138。

[36] 引自羅門：〈古典的悲情故事〉，《都市詩》，頁146。

內在的窗戶被關上了，連光也透不進去，對大自然的渴望只能由一個小盆栽裡去追尋，這是羅門指出的現代型生存悲劇。窗的意象是羅門刻意的營造，不但與眼睛的意象同樣具有靈視的意義，又兼有代表都市中精神困局的內蘊，整體掌握窗的意象在羅門詩中的脈絡，便可體察詩人為現代人尋求精神出路的雄心。

三、鳥與翅膀

　　鳥的意象在中國由《詩經》開始，便常被詩人所應用，如阮籍、陶淵明、張九齡的詩歌中，鳥的意象都十分鮮明。鳥作為突破牢籠，追求心靈自由的象徵由來已久，詩人常以此自況，肯定自我對生命選擇的主宰權，尤其在魏晉時代，政治黑暗，自在適意的人生觀是讀書人嚮往的最高境界，鳥的自在翱翔是詩人們生命情態的呈現。如陶淵明的〈飲酒詩〉云：「山氣日夕佳，飛鳥相與還。」傍晚的山氣自在的展現其美令人舒暢，飛鳥歸巢，亦自在的相伴而還，這些田園生活中的大自然美景，使人觸及道之「自然」的深刻體悟，也使人泯除自我執念，對物我對立消失的本真之境悠然神往。而以鳥描述自我受限的生活與心靈，如〈歸園田居〉：「羈鳥戀舊林」，「羈鳥」便象徵詩人在紅塵裡，本性被摧折的存在現況。〈歸鳥〉一詩云：「翼翼歸鳥」則有歸隱之意。歸隱則不再受世俗所限，可以自由自在的生活。羅門詩中鳥和翅膀是大自然的代言者，原野中，鳥在天空飛翔的姿態象徵回歸於本然世界的意念，與歌詠生命之初的純美。如〈樹·鳥二重唱〉：

> 凡是直立的　都由樹開始
> 凡是飛翔的　都由鳥開始
> 鳥飛過一棵一棵的樹

由緊密而幽深而冷

　便抱住整座森林

樹飛起一隻一隻的鳥

由寬闊而渾圓而茫

便抱住整個天空[37]

羅門在附註中提到在此詩完成後幾年，看到西班牙畫家烏爾古落（Eduardo Urculo）的畫作以一系列女性為大自然景觀核心的作品，覺得同此詩有不約而同，緣自藝術與生命永恒的呼應與共鳴。鳥與樹象徵生命之始初，欲把人類由物化的狀態提升出來，必須追溯生命之本然，天空是永恒的象徵，達到宇宙的和諧圓渾之境便能擁抱天空而至永恒。

一隻鳥把路飛過來

雙目遠過翅膀時

那朵圓寂便將你

整個開放

寧靜中　你是聲音的心[38]

在凝視鳥的姿態時，久在樊籠裡的心靈已回返於自然之中了，與萬物的脈動同歸於純一之境，由此可見羅門天人合一的東方自然觀。鳥又顯示自由逍遙的意象，如〈逃〉：「要不是鳥籠／使原野瘦了／翅膀怎會想自己／是天空的兩扇門／眼睛也不會望成／窗外的風景」，鳥籠象徵人類以科技文明侵蝕代表「第一自然」的原野，眼睛與翅膀是人類靈視的代稱，為了逃離充滿物慾的環境，必須探索自我的心靈。「其實／逃就是一種飛／就是鳥說的

37　引自羅門：《自然詩》，頁 75-76。

38　引自羅門：《自然詩》，頁 132。

那種空闊」,「那隻鳥／一振翅／便是千里迢遙」[39],鳥象徵思想在空闊中無拘無束的往來穿梭,一飛千里,即使現實環境具有強大的壓力和束縛,追求心靈的解放與自由仍是詩人的夢想。

四、雲

雲是代表大自然的意象,雲的瀟灑脫俗,自在飄盪在開闊無盡的天空,能啓發詩人與藝術家的靈感。如杜甫〈江漢〉:「片雲天共遠,永夜月同孤。」一片雲彩與天同遠,是無盡遼闊的空間視野,而詩人孤獨的身影此刻正如那天際雲影,在遼闊而無止境的時空中,流浪在世界的遠方,不知明朝將飄向何處。然在飄泊與孤獨的意蘊之外,片雲亦透露出逍遙自適之意,徜徉於天際遠方,與遼闊的天空同在,一種永恒之感從中流露,正好與飽受思鄉與一事無成煎熬的詩人處境互相對照。羅門的〈逃〉一詩云:「只要去想起雲與鳥／天空便會一把抓你成爲／那朵美麗的形而上」,雲和鳥具自然物的特質,雲徜徉在如天空般無邊的心靈世界,使自然與心靈合而爲一。在另一首題目即爲〈雲〉的詩中,詩人自己已然化身爲天邊的雲朵,以擬人化的技巧,運用外在物的特質,寄託內在的情感:「藍空因我柔的像／愛人的眸子／我帶著海散步／帶著遠方遠牧」,大自然的景物藍空、大海和遠方隨著雲朵的變化而變化,充分的將雲的不羈顯現出來,而羅門以雲自況,思想情感亦如雲般超凡脫俗。

> 我走　地相跟
> 我飛　天相隨
> 我笑　太陽在
> 我怒　風雨來

---

[39] 引自羅門:《自我・時空・死亡詩》,頁 72-74。

> 我情悠悠　江水說不盡
>
> 我心逍遙　海天望無窮[40]

　　在此詩中,雲的走、飛、笑、怒、情之悠悠與心之逍遙,皆牽動天地萬物的神經,雲的行為動止,開啓了一個世界與之相應,詩人的創作何獨不然!在各種心境的發抒中,總驅遣天地萬物到其筆下,與心徘徊。天地、太陽、風雨、江水、海天等自然物在此意義下,躍昇為詩人和藝術家創造的客觀對應物,共築一個藝術宇宙,並暗示詩人與藝術家在美的國度裡的重要性,故曰:「我情悠悠／江水說不盡／我心逍遙／海天望無窮」,這兩行詩本義是說:雲倒映在江中的悠悠之情,江水訴說亦訴說不盡;而雲徜徉於天空的逍遙之意,令海與天無限嚮往,望個不停。詩人的悠悠之情與逍遙之心,亦寄託於自然物的「說」與「望」,豈有說盡與望斷之時。詩人創造了一個與其心境相應的藝術國度,天地萬物既隨其起舞,亦由此可探知心靈更高的奧秘。

　　雲的飄泊不定也常被喻為遊子流浪之情。李白〈送友人〉云:「浮雲遊子意,落日故人情。」王琦注:「浮雲一往而無定跡,故以比遊子之意。」[41]羅門的〈鞋〉中的雲亦有這種寓義:

> 樓梯口的那隻鞋
>
> 　竟是天窗裡的一朵雲
>
> 山遙水遠　雲非樹
>
> 水遠山遙　雲非雲
>
> 　　雲只是那條
>
> 　　　永

---

40 引自羅門:《自然詩》,頁 115。

41 引自瞿蛻園等校著:《李白集校注》,臺北:里仁書局,1981,頁 1050。

不

能

定

名

的

路

　　鞋也是

　遠方也是

天空裡的那片落葉也是[42]

　　以樓梯口的一雙鞋聯想到飄泊不定的雲，由雲與鞋又聯想到
一條沒有確定方向，永不能定名的路，最後以寂寞孤獨的那一片
落葉作結。《九歌·湘夫人》：「嫋嫋兮秋風，洞庭波兮木葉下」，
落葉蕭瑟引發淒涼之感，一直是傳統悲秋的重要意象，詩人羅門
承受時光消逝與浪跡天涯的雙重悲戚，在茫茫時空中，寄居異鄉，
宛如雲般飄盪，無法回歸故里，雲的意象引發詩人，亦引發讀者
悵然迷惘之情。

五、街　道

　　都市裡四通八達的街道使人能利用各種交通工具迅速的抵達
目的地，縮短時空的距離，羅門的《都市詩》裡大量使用街道的
意象，街道可說是都市文明的象徵，然而它也割裂了美麗的原野，
帶引科技破壞自然生態，人們在道路之上來去匆匆，彼此冷漠的
對待。羅門在〈都市之死〉說：「如行車抓住馬路急馳／人們抓
住自己的影子急行」[43]，〈都市心電圖〉：「雙腳與車輛／將街道

42　引自羅門：《自我·時空·死亡詩》，頁 90-91。

43　引自羅門：《都市詩》，頁 61。

的時間與空間／走光」[44]，孤獨而匆忙的都市人宛如一具具行屍走肉，不知道自己的方向。〈流浪人〉：「帶著隨身帶的那條動物／讓整條街只在他的腳下走著」，更說出人在城市的萬頭鑽動中，孤單的心靈卻只能與自己的影子為伴，無所依歸的痛苦心聲。層出不窮的車禍在街道上血淋淋的上演，更令人觸目驚心，如〈車禍〉一詩：「他走著／走進一聲急煞車裡去／他不走了／路反過來走他」[45]，人們製造科技文明，最後反被科技文明吞噬，令人深省。

六、圓

圓在中國傳統文化中是象徵渾融、完滿，循環往復的意象。羅門的〈月思〉便是利用了許多圓的意象來發抒望月懷親渴望團圓的心聲：

> 我走近窗前
> 身上那個口袋
> 竟就是那塊月光
> 手摸袋裡的壓歲錢
> 才發覺那枚發亮的銀圓
> 　　　是千里外的月
> ⋯⋯
> 你的臉與你給我壓歲的銀圓
> 　　　仍一直寄存在月裡[46]

遊子對月懷鄉是中國詩古老的題材，此詩融合李白的〈靜夜思〉

---

44 引自羅門：《都市詩》，頁119。
45 引自羅門：《都市詩》，頁95。
46 引自羅門：《戰爭詩》，頁113-114。

和孟郊的〈遊子吟〉重新鑄造。一輪皓月、母親縫製的口袋、作
為壓歲錢的銀圓和母親的臉都是圓形的，交織在一起，詩人告別
故鄉，四處飄泊，在深夜舉頭望月，與母親團圓的渴望躍然紙上，
羅門詩根植於傳統文化的痕跡顯然可見。

　　圓也可作為人類生存空間的代稱，如〈先看為快〉：「尚未
啟用的天空／是一幅不沾筆墨的禪畫／太陽蓋下第一個圓印／叫
我先看為快」，在寬廣天地之中，屬於「第一自然」的生存空間
是如此的完美，天空清淨不染塵埃，旭陽光芒照耀令人為之神往，
把旭陽升空說成「蓋下第一個圓印」，又是何等的創新想像，自
鑄偉辭。〈光　穿著黑色的睡衣〉一詩則可視為人處於生存空間
之中，整個人生的縮影：

　　　紫羅蘭色的圓燈罩下　　　　　光流著
　　　藍玉的圓空下　　　　　　　　光流著
　　　邱吉爾的圓禮帽下　　　　　　光流著
　　　唯有少女們旋動的花圓裙下
　　　　那塊春日獵場　　　　　　　　光是跳著的
　　　而在圓形的墳蓋下　　　連作為天堂支柱的牧師
　　　　也終日抱怨光穿著黑色的睡衣[47]

紫羅蘭色的圓燈罩下是閱讀寫作的地方，為人類文明的代稱；藍
玉的圓空下是指萬物生氣勃發的大自然；邱吉爾的圓禮帽下，思
考戰爭與和平，指社會的推展與變革；少女們旋動的花圓裙下，
指人生的青春與歡樂；圓形的墳蓋下，則是指人終究面臨死亡的
結局。圓燈罩、圓空、圓禮帽、花圓裙都是人生圓滿的象徵，圓
形的墳蓋則是將生命的圓形循環視為自然的規律，即使是傳達上

---

[47] 引自羅門：《自我・時空・死亡詩》，頁92。

帝旨意的牧師也無能爲力，光穿上圓形的睡衣，不再流動跳躍，由此顯示中國傳統的宇宙思維與生死觀。

七、塔

　　塔是西方文化的代稱，《聖經》巴貝塔以向上伸展之姿，象徵人類與天抗爭的精神。塔與圓同樣是羅門詩重要的空間造型，可作爲人類生存情態的縮影。都市是人爲的第二自然，現代的都市文明是所謂的塔型文化，人們被自己的慾望控制著，如同操縱失靈的機器人，不停的攀爬上塔而不知危險。〈都市之死〉云：

　　　十字架便只好用來閃爍那半露的胸脯

　　　那半露的胸脯　裸如月光散步的方場

　　　聳立著埃爾佛的鐵塔

　　　　守著巴黎的夜色　守著霧　守著用腰祈禱的天國[48]

　　歐美詩人使用都市意象的首推波特萊爾（Charles Baudelaire，1821-1867）的《惡之華》（Les fleurs du mal），描述城市的污穢和陰霾。波特萊爾最可貴的是在痛苦中真切的吶喊，創造出偉大與不朽。世紀末的都市，如巴黎，可視爲墮落城市的代表，資本主義創造財富和文明，使放縱於物慾之中的人們，精神越來越枯竭，象徵上帝的十字架只好用來裝飾並閃爍在女人的胸脯上，聳立著埃爾佛的鐵塔踰越時空的限制，而爲守護墮落城市的典型代表，塔的意象象徵現代人慾望無盡，卻寂寞空虛的痛苦。

　　塔亦用以象徵無限的精神力量，「塔的每一層／都是凌空的鷹翅／最後與天地迴旋一次／不就旋進了大自然原本的結構」[49]向上螺旋的塔已脫離時空，回歸於永恒大自然的本然結構當中。〈第

48　引自羅門：《都市詩》，頁62。

49　引自羅門：《自然詩》，頁62

九日的底流〉云：「鑽石針劃出螺旋塔／所有的建築物都自目中離去／螺旋塔昇成天空的支柱／高遠以無限的藍引領」永恆不變的鑽石針在圓形的唱盤旋轉出貝多芬的音樂，這種最純粹聖潔的心靈結晶已脫離現象界的干擾，故所有的建築物都自目中離去，超越時空，而進入螺旋塔成爲天空的支柱，「無限的藍」指螺旋塔的頂端是屬於詩與藝術的「第三自然」的廣闊世界。

第三節　永恒超脫的時空象徵意象

羅門認爲詩人與藝術家創造的「第三自然」是使自我有限的生命匯入大自然永恆的生命結構當中，而獲得無限。深究羅門詩永恒超脫的時空象徵意象，可知詩人把握心輪轉軸之核心，使軸心不停的轉動，但是卻停於一定點，創造超脫於時空的美，即隨著時代而不停的創造新的美，是所謂「前進中的永恆」。羅門常用來表現永恒時空的象徵意象有：螺旋形、燈屋、燈塔、天地線及山、海、河等原始生命的象徵。

一、螺旋形

「第三自然」的心象世界是由圓的核心突起，延伸向上而爲直展形，並以三百六十度的旋轉而盤旋爲螺旋形的構造。林燿德的《羅門論》中認爲這個思想的幾何式象徵含有巨視的歷史觀，是文學史、文化史整體推展的時空造型。[50]羅門在〈螺旋形之戀〉一詩的序中說：「唱盤旋出螺旋形的年輪；音樂旋成螺旋形的心靈世界。螺旋形，深且看不到底；進去也不易出來。所以，螺旋

50　參見林燿德：〈三百六十度層疊空間〉，《羅門論》，頁8。

釘便是屬於那種堅定與釘了而不易拔出來的東西。」[51]「螺旋形既有穩定圓厚的實底，也有向上突破的尖端；既有旋進去看不見底的生之奧秘；也有不停地旋上去的望之無窮的仰視。於是，螺旋形也被我視爲人類創作生命與文化向前推進的完美基型——精神的螺旋塔。」[52]在螺旋的軸心，脫離時間與空間的掌握，是人類精神的永恒歸宿。羅門的永恒觀在〈螺旋形之戀〉一詩中可清楚的看到：

> 一顆螺絲　　爲掛牢一幅畫在心壁上而鑽出聲來
> 一個渦漩　　爲扭斷鐘錶的雙槳而旋轉的不停
> ⋯⋯
> 永恒此刻不需襯托　　它不是銅與三合土揉成的
> 也不是造在血流上朽或不朽的虹橋
> 它只是一種無阻地旋進去的方向
> 　　　　一種屬於小提琴與鋼琴的道路
> 　　　　一種用眼睛也排不完的遠方
> 　　　　一種醒中的全睡　　睡中的全醒
> 一種等於上帝又甚於上帝的存在[53]

螺旋形的螺絲在心靈掛牢屬於空間藝術的繪畫；螺旋形的渦漩則擺脫時間的控制，時間和空間的永恒便是屬於小提琴與鋼琴的藝術之路，心靈隨著音符之美而步入永恒之境，這是一種螺旋形的旋轉方向，超越時空，將古今中外所有學說派別作一融合，詩與藝術在無盡的時空之旅中，將可獲得永恒的長存，甚至是一種等

51　引自羅門：《素描與抒情詩》，臺北：文史哲出版社，1995，頁135。

52　引自羅門《燈屋　生活影像》，臺北：文史哲出版社，1995，頁3-4。

53　引自羅門：《素描與抒情詩》，頁135-139。

於上帝又甚於上帝的真善美的存在。而屬於創作者的那一把「螺絲刀」，則象徵詩人的永恒靈視：

　　站在酒的尖端

　　　火的尖端

　　　劍的尖端

　　……

　　三角形的尖端

　　你不停地旋轉

　　將圓圓的鐘面

　　　圓圓的地球

　　一圈圈旋轉成

　　　　能忘形

　　　能焚燒

　　　能穿越

　　　能飛昇

　　　能飄逸

　　　能打坐

　　　能頂立

　　　　的

　　一把不停地旋轉在

　　　鐘錶雙手中的

　　　　螺絲刀[54]

詩歌必須突破平面的靜態的形色之美，而形成能忘形、能焚燒、能穿越、能飛昇、能飄逸、能打坐、能頂立的立體意象，使詩歌

---

[54] 引自羅門：《自我·時空·死亡詩》，頁 113-114。

衍生更繁複的奧義。詩人站在全人類之先，以螺旋形之姿不停的轉動，將突破代表時間的鐘面與代表空間的地球之物理層次超脫而出，提升人類的心靈，創造最精粹的文化。在〈孤煙〉一詩中，羅門給二十世紀從事保存精神文明的工作者最佳的建言：「你虛脫成浮昇之峰／一聳立便得軸／一迴旋便見心」[55]，由高峰俯視，宛如軸心，在靜止中超越時空，並旋轉出精神文明的精華。

二、燈屋、燈塔

　　羅門的燈屋不但是他的生活空間，在這裡詩人招待各類藝術的文化雅士，同時，也將創作理念應用於此。燈屋是在組合藝術（Assemblage art）的觀念下，利用視覺藝術中的繪畫性、雕塑性與建築性的三種特色所經營的美感空間，如同一首可用眼睛來看的視覺詩。燈是心靈帶光的投射器，故燈屋的意象在羅門詩中可視為永恒之境，如同〈燈屋的觸覺〉所言：

　　　　為了把整個空間

　　　　　　掛在透明裡

　　　　原只想在音樂裡

　　　　　　旋成一顆螺絲

　　　　後來竟旋成一座塔

　　　　頂著天

　　　　立著地

　　　　不停的旋上去

　　　　旋到頂點

　　　　將塔抽掉

55　引自羅門：《自然詩》，頁114。

便飛著天空去[56]

飄盪著音符，掛在透明裡的燈屋是羅門創作理念與觀念的實驗室，詩人和藝術家應以開放的心吸收美好的一切，包括各種藝術主義和流派以及古今中外的時空狀況，善於溶化並轉化而出。燈屋是充滿光的天地，光可說是人類的靈魂，羅門說：「光是宇宙的眼睛，帶著世界到處看。」「光以直線拉著眸子上天頂／去看尼采的心／光以拋物線牽著眸子入風景／去看鄧肯的舞／光以圓抱住眸子與天空／一同去看王維的詩」。[57]光透明，而且無所不在，以直線、拋物線、圓形種種造型的繁複變化象徵人類精神的冥想與超越，可探究尼采的心、鄧肯的舞、王維的詩。筆者採訪羅門時發現：燈屋裡各式燈具層疊的螺旋而上，光的展現也呈多面疊構，滿佈著閃爍光芒的燈屋旋成一座螺旋塔，許多燈具便帶有燈塔的意象，燈塔是作為船隻的指引，羅門認為：自己便是守塔人，是心靈之海的引領者，而燈塔便引領人們進入沒有時空界限的超脫世界。

三、天地線

天地線在詩人心裡是恒定的那一道天與地的連接，是永恒時空的代表。〈長城上的移動鏡〉云：

從地向天
拉一條曲線
將天空拉進空茫
從天向地
拉一條曲線

---

56 引自羅門：《題外詩》，頁 41-42。
57 引自羅門：《題外詩》，頁 44。

　　　將大地拉入蒼茫

　　　在茫茫中

　　　你走進山水畫的空白

　　　世界向高遠深遠平遠

　　　　　層層展開

　　　你是握在風景中最長的

　　　　　一條鞭子[58]

在天地線之間，長城是握在風景中最長的一條鞭子，詩中表現的
空間意識充滿大自然的節奏，透視點並非集中，而是流動於上下
四方，在仰觀的高遠、俯視的深遠、平視的平遠中展現全面的視
境，使詩作豐富而有立體感，具有空間的深度和雕塑的味道，象
徵「第三自然」永恒生命結構與形態。在〈日月的行蹤〉一詩中：
「江河經過你的血／心中那條萬古的長城／已衝出鐵欄杆／進入
天地線／完成那面最美的水平」。[59]萬古的長城已成為中國漫長崎
嶇的歷史裡血淚的象徵，甚而衝入天地線化為永恒，詩人與藝術
家超越肉體的極限，「心中那條萬古的長城」時時催促詩人以不
凡的心靈力量接受時空的挑戰，而創造不朽的生命塑像。

四、海、山、河

　　《山海經》是神話的故鄉，編織著中國永恒的夢境，初民以
莊嚴的觀點照看自然界的萬物，山、海、河是原始生命的來源，
這是象徵循環往復，生生不息的原始基型，故自然山水一直是詩
歌裡重要的養分。海、山、河在羅門詩中不但是空間的象徵意象，

---

58 引自羅門：《戰爭詩》，頁106。
59 引自羅門：《自然詩》，頁133。

更重要的是為萬物的創始源頭,故本文將海、山、河歸入為超越時空永恒存在的象徵意象。以此觀點分析羅門的〈海〉、〈觀海〉、〈山〉、〈山的世界〉、〈河〉等詩的意象,可知羅門詩的基礎深植於圓形的東方自然觀,是來自於宇宙整體生命的穩定結構和本然的基型,回歸於大自然的原生形態,經詩人藝術化的心靈轉化這些視覺材料,透入文化,化為充滿純粹與永恒的新的景觀與生命。自然的豐富內涵,使詩人融合中西二大美學的領域,展現宏觀的視野:「使生活於現代環境中的『真我』無限的開放,吸取傳統以及古今中外所有生生不息的美與卓越的一切,來壯大與擴展『自我』具獨特性的創作世界。」[60]〈觀海〉云:「飲盡一條條江河/你醉成滿天風浪」,「你吞進一顆顆落日/吐出朵朵旭陽」,「千里江河是你的手/握山頂的雪林野的花而來」[61],〈海〉云:「整個寂靜在那一握裡/伸開來/江河便沿掌紋而流/滿目都是水聲」[62],這是一幅幅動感的立體畫面,大海拍擊岩石,巨浪宛若醉倒般的放縱,充滿律動之感。大海吞吐太陽,象徵時間推移,以海為歸宿;江河由山上而來,握著山頂的雪,林野的花,則具有空間的深度感;江河吸納眾多細流,匯聚而為空茫渺遠的大海,象徵包容人生的各種境界,蘊藏廣闊的生命潛能。故時空雖無垠,而全為大海所包容。

　　海的意象又可被視為宇宙之本然與始初,具有永不休止,取之無盡的原始生命力。〈觀海〉云:

　　　　既然來處也是去處

60　引自羅門:《論視覺藝術》,臺北:文史哲出版社,1995,頁121。

61　引自羅門:《自然詩》,頁49-50。

62　引自羅門:《自然詩》,頁46。

> 去處也是來處
>
> 那麼去與不去
>
> 你都在不停的走
>
> ……
>
> 你那張浮在波光與煙雨中的臉
>
> 一直是刻不上字的鐘面
>
> 　　　　能記起什麼來
>
> 如果真有什麼來過
>
> 風浪都把它留在岩壁上
>
> 　　留成歲月最初的樣子
>
> 　　時間最初的樣子

　　無論日夜如何交替，時空如何推移，海的額上都是有那朵永不凋的空寂，超脫於時空之外，象徵永恆與無限。「你那張浮在波光與煙雨中的臉／一直是刻不上字的鐘面」，顯示大海可作為詩人和藝術家的典範，現代作家除了追逐外在的變動，更應感知變動之中的恆定力，它來自於大自然整體生命的穩定結構和本然的基型。「蒼茫若能探視出一切的初貌／那純粹的擺動／那永不休止的澎湃／它便是鐘錶的心／時空的心／也是你的心」，「只要那朵雲浮過來／你便飄得比永恆還遠」[63]現代作家除了應擁有智識性的心海和追蹤現實世界中千波萬浪的海，更應轉化材料，為無限壯闊的藝術之海。這樣的藝術之海是人類內在的超越，而使創作具有永恆與純粹性，所以恆定的時空的心，也是你的心，如此便可飄得比永恆還遠。

　　「山」在中國傳統詩的意象是隱逸的代表。孟浩然〈晚泊潯

63　引自羅門：《自然詩》，頁 49-55。

陽望廬山〉：「掛席幾千里，名山都未逢。泊舟潯陽郭，始見香
爐峰。嘗讀遠公傳，永懷塵外蹤。東林精舍近，日暮空聞鐘。」
在千里煙波之上泛舟，心境十分悠然，忽見名不虛傳的香爐峰，
更是欣悅。遐想高僧的塵外幽蹤，而空聞日暮的鐘聲，心中不禁
興起無端的惆悵。此詩流露對隱逸生活的傾羨。山的自然屬性及
代表永恆及隱逸的意象亦可見於羅門詩中。〈山〉一詩云：「誰
能醒你／除了眼睛在凝視中永不回來／除了那縷煙已被眼睛拉斷
成繩子／而去與不去／你都是永遠」[64]，以山作為基石，將世界放
在永久不變的架構裡，代表空間的永恆，在靜止中，守住一切存
在的秩序和動向，由此而知，山的安定與隱逸是詩人心靈的歸宿。
故羅門〈山的世界〉以詩論詩，以山來表示詩的意象、語言與結
構。詩的意象如同山一般：

　　　盤住整個大地
　　　它旋昇到最高的頂點
　　　　　　把太陽握成冰
　　　那透明的晶體
　　　竟是一顆火石

詩的意象世界擴及整個大地，並把冷熱相融，放射出無比巨大的
生命潛能。至於詩的語言如同山一樣，可把空間藝術的繪畫性和
時間藝術的音樂性表現出來：

　　　倒是它簡單的一筆
　　　　　又剛又柔的
　　　把風的飄逸
　　　雲的悠遊

---

64 引自羅門：《自然詩》，頁58。

> 鳥的飛翔
>
> 全都畫在那裡[65]

即使山不說什麼，只美在自己的韻律裡，風的飄逸、雲的悠遊、鳥的飛翔便是山的語言，也是詩的語言。山如同螺旋塔的結構，以垂直和水平同時抓住時空的重心，默默的審視萬象的變化：「以塔的造型／凸現／上去／是圓渾的天／下來／是圓闊的地」這種穩定的結構可容納更富足、龐大的內涵。

　　文明的進步是不停的捕捉下一秒新的事物，而在追逐與變動中，孤寂與虛無衝擊人類的心靈，當「第二自然」漸漸取代「第一自然」，人類生存的場所被侷限於冷漠的玻璃大廈之內，只有大自然純一的境界能將物化的心靈透過詩與藝術而提昇。

> 看一下谷底　望一下天宇
>
> 形而上已是一把可見的梯子
>
> 石板路一級級探幽入山
>
> 青竹一節節問玄入雲
>
> 雲是你　山也是你[66]

在谷底和天宇之間，精神力量是爬昇的梯子，在一層層的向上旋轉攀爬中，大自然的生命本體便呈現出來，羅門將創作的思維與觀點鑲嵌入詩中，「第三自然螺旋形架構」在此詩完全呈現。

　　在中國，河的流動不舍晝夜，自古是時間意象的原型，《論語‧子罕篇》：「子曰：逝者如斯夫，不舍晝夜。」把流動的河川視為逝去的時間，將抽象的時間概念具體化。李白〈古風其十一〉云：「黃河走東溟，白日落西海。逝川與流光，飄忽不相待。」

---

65 引自羅門：《自然詩》，頁 59-62。
66 引自羅門：《自然詩》，頁 122。

流逝的河川和歲月的飄忽一般，人生非金石，豈能長壽考？〈古
風其十八〉亦云：「朝爲斷腸花，暮逐東流水。前水復後水，古
今相續流。」在時間之流上，古今相續，無一時之停息，由河川
之流往前追溯可至宇宙之始初。羅門的《死亡之塔》說：「一條
河在音樂中斷的電唱機裡死去／水流乾了／風車便轉不動田園的
風光」。歲月宛若流水般逝去，河的枯涸意象象徵生命的結束，
而人世的叱吒顯赫便如一場幻夢。河川亦能滋潤萬物，培育生命，
世界的各大文明發源地均處於水邊，故河也象徵生命的永恒與本
真。〈河〉一詩云：

　　　只有回到第一聲泉音中

　　　　　才能認出你的初貌

　　　順著眼波而去

　　　你音樂的身段

　　　　是一條原始的歌

　　　　　唱高了山

　　　　　唱深了林

　　　　　唱遠了鳥的翅膀

要探究生命的永恒基型，必須回到始初，往前眺望宇宙之初，河
的意象如一條綿綿不絕的時光之流，只有回到第一聲泉音中才能
認出生命的初貌，而象徵自然的山、林、鳥皆自此而來。

　　　美麗的 S　是把鋸也好

　　　　　　　螺絲刀也好

　　　那些痛快的紋路　一扭動

　　　便響成拋物線　被空中的鳥接住

　　　整個曠野都驚顫在那迴旋的

絃音中[67]

河流過的紋路飄響成拋物線，被代表靈視的鳥接住，不但具立體
感且有深意。靈視是「第一自然」和「第二自然」的中介，故代
表「第三自然」的曠野便為「第一自然」的河所驚顫，羅門著重
內在生命的探求，但其歸返原本與純粹的動向含有文化和文明的
滲透，以象徵田野、山水的「第一自然」之物象比喻象徵心靈世
界的「第三自然」，並以靈視使「第三自然」與「第一自然」合
而為一。〈孤煙〉詩云：「那是唯一站起來流的河流／流天空成
一棵棄體而飛的樹」[68]，「棄體而飛」指脫離形體而化為永恒，羅
門以河涵蓋形而上與形而下的兩種景觀，如一條幹線串聯兩者，
透過藝術化的過程而互相交映。

第四節　時空象徵意象的運用

　　時空象徵意象的設計應用是羅門詩最重要的環節。人與自然
時空奇妙的融合無間，情感與哲理不脫離時空景象去作純粹的摹
情說理，每每透過時空實象的交互映射予以形象化。[69]基於羅門的
主觀的審美態度，時間與空間意象的運用通過藝術化而成為詩歌
的重要架構，其中並借用視覺藝術中繪畫、雕塑、雷射、電影的
手法於詩裡，這是因為詩人與藝術家的心象世界是相通的，有彼
此呼應之處。羅門詩活用其他藝術形式的特色，進行多元意象的
組合，獨特的時空象徵意象的運用使羅門詩內涵豐富，具時代性
與立體感。

67　引自羅門：《自然詩》，頁 64。

68　引自羅門：《自然詩》，頁 113。

69　參見黃永武：《中國詩學設計篇》，臺北：巨流圖書，1978，頁 43。

一、時間突破常態之秩序

羅門詩熟練的借用電影的技巧。時間的變化運用是電影最出色的手法之一，可以輕易的實現時間的長短變化，如加快、減慢或中斷，以及時間的走向和壓縮、膨脹。時間的速率以景物移動的速率，採取慢鏡頭、快鏡頭或靜止不動來表現，抒情的效果完全不同。陳世驤云：「時間起示意作用時，須要含蓄在事物之中流動，須要以具體的事物充實著它，因而時間感覺像透入詩中一切事物而成為一種氣氛，或浸染如一種色澤。」[70]各種鏡頭的使用都能帶起不同的時間感覺，而時間感覺透入事物則成為一種氣氛，或快樂或悲哀或蒼茫的氣氛。緩慢的鏡頭移動能表現心中深沉的愁緒和怨情，如〈週末旅途事件〉：「往事把車窗／磨成一片朦朧／一切好近／又好遠／只是兩小時的車程／竟在記憶裡／走了三十多年」[71]，鏡頭緩慢的在單一的景物即車窗上移動，使人覺得冗長而窒息，靜止的視點連接三十多年以來的記憶，思鄉的情愁綿長而悠遠。快速的鏡頭則能表現奔放及輕快的感覺，以變換不斷的空間場景顯現時間加快的速率，如：李白〈山中與幽人對酌〉：「一盃一盃復一盃」，連續急促的對飲，使人感受時間快速的遞嬗。羅門的〈過三峽〉：「一峽一峽／又一峽」[72]，船隻急促的飛越三峽，則有異曲同功之妙。試看〈時空奏鳴曲——遙望廣九鐵路〉：

　　整個世界

70　參見陳世驤：〈時間和率度在中國詩中之示意作用〉，《陳世驤文存》，瀋陽：遼寧教育出版社，1998，頁 59。

71　引自羅門：《戰爭詩》，頁 82。

72　引自羅門：《自然詩》，頁 154。

　　停止呼吸

　　　在起跑線上

　　車還沒有來

　　眼睛已先跑

　　跳過第一第二座山

　　到了第三座

　　懸空下不來[73]

人的身體還未返鄉，代表靈魂的眼睛已經先跑，連續越過數座山頭，直至邊界被鐵絲網罩住的第三座山頭才被迫停止，這種急迫難耐思鄉之苦的心情，在空間場景快速的移動中表露無遺。再看〈都市的旋律〉：

　　綠燈亮

　　紅燈閃

　　車來車去

　　　車擠車

　　人來人去

　　　人擠人

　　快快快

　　快入快車道

　　慢慢慢

　　慢入斑馬線

　　攢攢攢

73　引自羅門：《戰爭詩》，頁 63。

　　鑽入地下道

　　爬爬爬

　　爬上行人橋

　　腳懸空

　　手懸空

　　目與天空一起空[74]

這一首詩根據羅門的註解：「爲了配合作曲家李泰祥所製作的現代敲打樂而作。著重於都市生活的節奏與律動感；從都市的動面與現象，直接捕捉都市的實體。」[75]以上節選的十七行以大量短促、跳躍、重覆的句子表現都市緊張迅速的生活步調，在羅列與排比的句型裡呈現都市一成不變的規律性，詩行中急速的移動鏡頭捕捉都市裡快車道、斑馬線、地下道、行人橋各種動態和現象，快速的節奏與可怕的規律逼迫活在都市中的人失去了思考和想像的能力，所以最後人的「目與天空一起空」，恍如行屍走肉。

　　時間的中斷代表運動的停頓，時間本來是永不停止的，而生命的活動性在現實世界裡亦是無法中止，然而在電影中，活動的停頓可產生奇特的藝術效果。羅門借用於詩中，如〈麥堅利堡〉所言：

　　而史密斯　威廉斯　你們是不來也不去了

　　靜止如取下擺心的錶面　看不清歲月的臉

　　在日光的夜裡　星滅的晚上

　　你們的盲睛不分季節地睡著

74　引自羅門：《都市詩》，頁78。

75　引自羅門：《都市詩》，頁81。

　　睡醒了一個死不透的世界[76]

「史密斯」、「威廉斯」是葬身於麥堅利堡七萬名美軍中的一份子，詩人以此代表所有的壯士。對亡魂而言，在麥堅利堡的大墳場之中，歲月是停滯的，死亡則永遠脫離時間的掌握，故如取下擺心的錶面，不能分辨時間，無論日、夜或季節，麥堅利堡的壯士們則陷入於時間的停滯和空間的阻絕，而這種時間的中斷，湧現無限的悲哀，造成震撼性的視覺效果。

又如〈螺旋形之戀〉：

　　　　在那無邊無底地迴旋的空間裡

　　　　純淨得連空氣都出去　眼睛也隱入那深深的凝視

　　　　永恒此刻不需襯托　它不是銅與三合土揉成的

　　　　也不是造在血流上朽或不朽的虹橋

　　　　它只是一種無阻地玄旋進去的方向

　　　　　　　一種屬於小提琴與鋼琴的道路

　　　　　　　一種用眼睛也排不完的遠方

　　　　　　　一種醒中的全睡　睡中的全醒

　　　　　一種等於上帝又甚於上帝的存在[77]

羅門由貝多芬的音樂裡領悟超然而永恒的時空，唱片上的紋路是向內旋轉的螺旋形，象徵向內轉動的生命思考與反省，在音樂繚繞的燈屋裡，一個與外物隔絕純粹靈性的世界產生，永恒在此刻不需襯托而真實的存在，如同音樂與遠方的無限，詩人的靈視超升，時間已然失去作用，在靜止的這一刻，等於上帝又甚於上帝的心靈救贖便告完成。這種時間的停頓使讀者能去除雜念，真正

---

[76] 引自羅門：《戰爭詩》，頁 41。

[77] 引自羅門：《素描與抒情詩》，頁 138-139。

觸及詩人充實的精神時空。

在現實世界裡，時間的走向只有一種方向，而運用電影的技巧，落葉可由地上回掛枝頭，花朵可從凋謝中變回花苞，詩歌的時間走向也能隨詩人的構思而自由的順流或回溯。羅門的〈天安門廣場印象〉顯現的是一種時間的逆向：

　　廣場的歡呼與吶喊
　　是胎鳴
　　是歷史的陣痛與喜動
　　是生命的回音

由廣場上人們的歡呼與吶喊聲，回顧中國歷史，集權式的不民主政治制度終於被唾棄，而從此獲得新生。時間是由現在流向過去。

　　刷新的空間
　　讓世界各地新的流行
　　　　　　行進來
　　　　　新的潮流
　　　　　流進來
　　刷新的時間
　　顯出一座新的 TIME SQUARE
　　　　　　在新的脈動中
　　　　　湧來新的歲月
　　　　　新的人潮[78]

現今的中國融合各種新的觀念與思潮，與世界的脈動連接在一起，新的空間容納各種新的流行，遠眺中國的未來，在新的年代

---

[78] 此詩本誤植爲 SOUARE，後經向羅門本人查證，應爲 SQUARE，「廣場」之意。引自《戰爭詩》，頁 104。

裡後續有更多新的人潮和歲月，隨著新的趨勢，創造新的中國。
時間是由現在移向未來。詩歌裡的時間走向隨詩人欲表現的意蘊
而自由改變。

　　電影中常省略動作不強的片斷，壓縮時間，使用緊湊的鏡頭，
增加情感的強度；或是膨脹時間，將一刹那間的感觸置入漫長的
回憶和歷史的嗟歎之中。詩歌中的時間也隨詩人的情緒，將物質
世界裡的真實時間改變爲抽象的時間。羅門的〈回到原來叫一聲
您〉即採用時間壓縮方式：

　　　　無論一個個炸彈

　　　　　　往那裡炸開

　　　　我仍記得您從雞房裡

　　　　　　取出一個個白白的雞蛋

　　　　　　　　打在我早餐的碗裡

　　　　母親，您的雙手伸過來　　好暖

　　　　　　槍炮的雙手伸過來　　好冷

　　　　我已聽出　　您五十年前對我說的

　　　　　　同槍炮後來一再對我說的

　　　　　　　　好不一樣[79]

炸彈、槍炮的冷酷與母親打在早餐碗裡的雞蛋、雙手的溫暖互相
照映，在過去和現在的不同時空中往來穿梭，五十年來的時間壓
縮在回憶的短暫片斷中，這種緊湊的鏡頭將詩人歷經滄桑的異鄉
歲月中，對母親的孺慕之思強烈的凝結在詩裡。〈溪頭遊〉的尾
聲說：

　　　　你離去　　絕頂上的那座亭子

---

[79] 引自羅門：《戰爭詩》，頁 116-117。

是最美的一朵孤寂

千萬年的守著山

望著雲[80]

絕頂上的亭子在詩人的回眸遠望中，永遠陪伴著山與雲，展現美麗的容顏，孤寂而自在的歷經千萬年，象徵無盡時光的綿延。將電光閃爍般的感觸置入無止盡的漫漫歲月裡，餘蘊不絕，這是採用了時間膨脹的方式。

二、空間突破恒定之法則

空間的變化「在電影中，特寫鏡頭和長鏡頭，俯拍鏡頭和仰拍鏡頭，正常鏡頭和傾斜鏡頭都是根據球體的各種角度不斷地交替使用的。」[81]電影以這些技法可以完全控制空間。羅門詩運用大小相映、角度變化、壓縮和膨脹等電影的空間概念創造新的詩境。空間的大小反襯、巨細相形用在詩歌之中，可以更強烈地呈現美的意境，如杜甫的〈江漢〉：「江漢思歸客，乾坤一腐儒。」把一個到處飄泊一事無成的小腐儒置於廣大的乾坤當中，是多麼強烈的比照，更有無盡孤獨的悲哀。羅門詩將小的空間意象置放於大的空間意象中，同樣也顯出寥廓的蒼茫之感。如〈鞋〉：「樓梯口的那雙鞋／竟是天窗裡的一朵雲…雲只是那條／永不能定名的路／鞋也是／遠方也是／天空裡的那片落葉也是」[82]，鞋子、雲與落葉等小的空間意象，置放於廣大無盡的天空意象之中，這種鮮明的空間反襯，顯現遊子存在於茫茫時空中，飄泊不定的寂寞

---

80 引自羅門：《自然詩》，頁 122。

81 引自熱拉爾貝東（G'erard　Betton）著，袁文強譯：電影美學(Esthe'tique　Du　Cine'ma)，北京：商務印書館，1998，頁 31。

82 引自羅門：《自我‧時空‧死亡詩》，頁 90-91。

和無依。反之，將大的意象置放於小的意象之中，則顯現詩人的
匠心獨具，別有一番意蘊，如〈愛荷華印象〉：

> 速度的亂箭
>
> 將紐約追殺入陰暗的地下鐵
>
> 整座城慌張的躲入車廂
>
> 　　　急逃[83]

紐約的生活步調急速的令人喘不過氣來，置身在陰暗而擁擠吵雜
的地下鐵中詩人急欲逃離，恍若整個城市都塞在車廂裡匆忙的離
開，將整座城的大意象放置於車廂的小意象裡，窘迫的空間感正
是詩人對紐約的印象，連城市本身都想離開，何況是生活於其間
的人們！

又如〈綻〉：

> 海棠花用血宣揚它的綻開
>
> 整個天空便旋入那朵紅雲
>
> ⋯⋯
>
> 世界是沿滑板下去的童時
>
> 　　　　在那陣嘩笑裡
>
> 一回首　已涉渡千里幽渺
>
> 相望時　已停泊萬年[84]

把天空這個大的意象，放入如血紅海棠花般的浮雲內，這種超現
實主義的概念卻能顯現客觀的真實，青春如同花朵，花開雖美，
但是很快便會凋謝，時光的逝去空間的變遷令人感慨，一眨眼，
已渡過千里幽渺，已停泊萬年。如同李賀〈銅駝悲〉：「客飲杯

---

83 引自羅門：《自然詩》，頁144。

84 引自羅門：《題外詩》，頁51。

中酒，駝悲千萬春。生世莫徒勞，風吹盤上燭。厭見桃花笑，銅駝夜來哭。」銅駝悲歡千年來的變遷，人生短暫像是風吹盤上的殘燭，因而無心欣賞桃花而在夜裡啼哭。銅駝夜哭的意象雖不合常理，卻也能突顯作者悲歡時空多變的深意。

　　在電影、繪畫或雕塑中，因主題的相異，而採用由不同的角度視察空間的景物，仰觀、俯視、遠看、近觀、前瞻、後顧、左觀、右看等角度均可造成不同的感覺。西洋畫集中於一個視點，從一個固定的角度透視景物；中國畫則由各種視點的轉換，呈現景物的全貌，借用中國畫全面性視境的呈現，中國古典詩也有由各種視點觀物，使意象並置的作法。如柳宗元的〈江雪〉詩：「千山鳥飛絕，萬徑人蹤滅。孤舟簑笠翁，獨釣寒江雪。」「千山鳥飛絕」是仰觀；「萬徑人蹤滅」是俯視；「孤舟簑笠翁」是近看；「獨釣寒江雪」則將視點擴及於整個下雪的江面，故為遠觀。空間角度上有上、下、遠、近的變化。羅門的〈阿里山之旅——聽聽它環保的心〉云：

> 千萬棵樹
> 架起綠色的攝影棚
> 停不下來的攝影機
> 　是一路追著風景拍的
> 　　　　　眼睛
> 往上　拍山頂之玄
> 往下　拍山底之幽[85]

眼睛是攝影機，在樹木形成的綠色攝影棚內，上下不停的變換角度來拍攝，視點是全面性的，有立體和深度感。又如〈溪頭遊〉：

---

[85] 引自羅門：《自然詩》，頁 145。

> 看一下谷底　望一下天宇
>
> 形而上已是一把可見的梯子
>
> 石板路一級級探幽入山
>
> 青竹一節節問玄入雲
>
> 雲是你　山也是你[86]

視點高可達天宇，低則至谷底，形而上的精神世界在此唾手可得，循著一級級的石板路，視線由低而高，追蹤探訪山的最深幽之處，沿著一節節的青竹，視線更上達雲霄直達天際，仰觀白雲，環視群山，人與自然沒有分際，隱然合而為一。

〈過三峽〉則是以遠近角度的不同，呈現各種視點的差異：

> 近山看遠水
>
> 近水看遠山
>
> 　　山山水水
>
> 　　水水山山[87]

由各個視點望去而形成的風景便如同中國的水墨畫一般，是從世外鳥瞰的角度觀照律動的自然，集合了數層和多方向的凝視，「山山水水／水水山山」組成一幅客觀而全面的遠景。又如〈大峽谷奏鳴曲〉：

> 沿著深度走下去
>
> 順著高度走上來
>
> 大峽谷你垂直的視線
>
> 同地球的軸直在一起
>
> 下端頂著地

---

86 引自羅門：《自然詩》，頁 122。

87 引自羅門：《自然詩》，頁 154。

上端頂著天

只要跟著地球轉

無數變化的圓面

便在時空的縱向與橫向裡

旋成停不下來的螺旋塔[88]

視點是上、下立體式的變換，可顯示大峽谷深入地球軸心的偉大。向上可頂天，向下可頂地，且在時空的座標上，向軸心螺旋式的旋轉，這種視點的變換可呈現空間的深度與立體的詩意，也是羅門對藝術工作者的期許：觀察角度不可執著於時空的一點，才能使作品趨於永恒不朽。

　　空間的壓縮和擴展雖違反了常情，卻能創造詩的新意和美感，如〈茶意〉即以空間壓縮的方式組接：

整個視野靜入那杯茶中

　　歲月睡在裡邊

　　血淚睡在裡邊

　　心也睡在裡邊

……

　　而沉不下去的那一葉

　　　竟是滴血的秋海棠

　　在夢裡也要帶著河回去[89]

老兵一生經歷各種的艱辛，到了晚年，所有的苦澀滋味都彷彿沉浸在茶杯之中，空間的壓縮使意象凝聚，而增強詩的張力。在凝視茶杯的同時，彷彿異鄉歲月中的血淚辛酸都沉浸當中，最後視

---

88 引自羅門：《自然詩》，頁 100-101。

89 引自羅門：《戰爭詩》，頁 95。

點集中於飄浮不沉的那一片茶葉，竟殷紅似滴著血的秋海棠，這
個意象令人觸目驚心，故羅門說：「茶！你靠鄉愁最近。」空間
的擴展與空間的壓縮有同樣的效果，但是形態卻相反，將現實生
活中某一種空間意象擴大，成爲虛擬的空間，如〈時空奏鳴曲〉：

> 一高興　濺在臉上的小水珠
>
> > 都笑成淚
>
> 淚是星星
>
> 家鄉的星空
>
> 便亮到電視機的螢光幕上
>
> > 來看他[90]

由眼淚聯想爲星星，而擴及故鄉滿天星斗的天空，星空的無限光
輝映照異鄉獨自看著電視的老兵，藉由空間的擴張，把心中思鄉
的哀痛傾洩而出。

三、時空的換位：時間的空間化與空間的時間化

時間與空間的存在與變化是通過人的視象而感知的，在詩句
中文字是以時間的描繪爲主題，但是利用空間景物的變換而具體
呈現時間的流轉，是謂「時間的空間化」；空間的景物在時光的
流逝裡變化，而時間意象則能突顯而出，是謂「空間的時間化」。
這種表裡互換的方法稱爲「時空的換位」。〈歲月的琴聲—聽名
胡琴家黃安源演奏有感〉是把時間空間化的題例：

> 你的弓
>
> 動開來
>
> 是頭也不回地流去的
>
> > 長江與黃河

---

90 引自羅門：《戰爭詩》，頁 68。

　　你胡琴上的兩根絃

　　是河的兩岸

　　也是中國人歲月的雙軌

　　　運不完的憂患與苦憶

胡琴的弓拉出樂音恍若長江黃河，象徵歲月的奔流不息。逝去的
時光裡，中國人的憂患與苦憶未曾稍歇，胡琴的兩根絃象徵著歲
月的雙軌，載運不完這些苦痛。

　　每一拉

　　都可看到土地與同胞身上

　　　　　劃過的刀痕與彈痕

　　每一頓挫都是千慨萬歎

　　快弓　　急來兵荒馬亂

　　慢弓　　痛苦都感到累了

歲月在中國人的身上顯現的是戰爭的傷害與悲痛，列強的凌辱、
抗日的悲壯、內戰的慘烈，在胡琴流暢的樂符裡一幕幕的呈現，
以空間的變化呈現時間的流動。

　　歲月是哭是笑

　　琴聲也說不清

　　而文化仍以輝煌

　　　山河仍以錦繡

　　直等著回音

　　臺上　　琴聲淌淚叫著家

　　臺下　　黑髮望白髮[91]

無論中國人的日子是如何的苦難，中華文化的輝煌與山河的壯麗

91　引自羅門：《戰爭詩》，頁 90-92。

仍舊是遊子魂牽夢繫的最愛，這塊土地上不變的風華是歲月無法
磨滅的。因戰爭而離家千里的詩人，思鄉的愁緒與年紀的老大成
正比，故此詩以「台上／琴聲淌淚叫著家／台下／黑髮望白髮」
作結，歲月的琴聲摧人老，引起無盡的喟歎。〈速寫靜坐書桌前
的詩人〉則是另一首「時間空間化」的詩：

> 靜坐書桌前
>
> 時間是一片翠綠的桑葉
>
> 　　給秒針的滴答聲
>
> 　一口一口的蠶吃著
>
> 他連忙用筆尖擠出來的
>
> 　　一顆顆字粒
>
> 　　　去填補它
>
> 一天天一年年下來
>
> 　時間已變成那棵
>
> 　蠶吃不了的桑樹
>
> 筆尖下的無數字粒
>
> 　也換到星空裡
>
> 　　去亮相[92]

時間是桑葉，被秒針蠶食的同時，詩人嘔心瀝血，以一顆顆字粒
填補時光，漸漸培育的詩句亦卓然有成，在詩國的星空中閃爍動
人。這一首詩在空間場景的變化中顯示歲月荏苒，詩人耗盡青春
與精力專注於詩的苦心可得而知。

　　時光的飛逝使令人無法不正視：人類的生命最終必將結束的
宿命，羅門著重於現實的關注，在人事的變化中，時間悄悄的流

---

92 引自羅門：《素描與抒情詩》，頁 82-83。

動。〈死亡之塔〉是空間時間化的題例：

　　　鏡子一望便響成鬧鐘

　　　　響成一種計時系統

　　　刮鬍刀已日漸感到某種成長的頑強

　　　明天總是為使昨日成為某些遺忘而來

　　　　總是將那一半入場券堅持在場外

　　　　　另一半飄成火的姿態

　　　以右腳救起左腳　　總有一隻腳最後成為碑

　　　　成為曠野的標誌[93]

計時的鬧鐘滴答的響著，人面對鏡子，警覺種種老化的現象已漸漸出現，刮鬍刀剃不盡日益增長的鬍鬚，每一個明天不停的推擁而來，死亡無法避免，在一步步向死亡邁進中，生命最終將成為曠野的標誌，故站在死亡之塔上，才能看清楚生命。空間的景觀變化突顯時間流動的意象，是為空間的時間化。〈睡著的白髮老者〉則是另一「空間時間化」的題例：

　　　雪峰上

　　　獨有時間老人的杖聲

　　　　　沿著峰下古老的冰河

　　　一切皆已沉墜　沉墜

　　　再也聽不到年輕獵人的槍聲了

　　　在名片與薪水袋裡摸索

　　　他已摸及那扇門　於靜與靜的默視之中

　　　……

　　　神啊　當鍋爐冷了　風停葉已落盡

---

[93] 引自羅門：《自我・時空・死亡詩》，頁66。

> 人的詮釋　　只是一隻謙和的手
>
> 在胸前所迅速顯示的一個符號？[94]

時光的逝去是以沉墜之姿，由峰頂直下，人活在忙亂的世界，在名片和薪水袋的進出裡，青春日漸消散，死亡的召喚不知何時已悄然來到，當生命如同熄滅的鍋爐、風停落盡的木葉，人為生命的消失感到不捨，但也只能在胸前劃一個十字而已，別無他法。空間景物的移動展現人的生命由活躍而至死亡，突顯時間的意象，是為空間的時間化。

四、將二個以上時空不同的獨立意象用縮合、疊映、轉位、對比、聚合、發散等蒙太奇的手法連起來，產生新的時空意象

　　蒙太奇是電影語言最特殊的元素，可以自由的安排時間與空間，將不同時空的畫面同時呈現於螢光幕上，創造或揭示一些具有象徵價值的思想、概念與因果的聯繫。詩人將自己對生命的感受與神話、傳說、回憶、夢境和對未來的預想，種種不同時空的意象融匯在一起，現實的時空與心理的時空相交織，構成新的時空意象，產生豐富的詩趣及出人意料的美感。葉維廉曾言：「象徵派詩人龐德與俄國導演艾山斯坦為西方的詩和電影開出『蒙太奇』、『意象並置』的空間的美學」[95]，但在中國古典詩中，蒙太奇式的技巧運用已十分純熟，甚至龐德亦取法於中國古典詩。羅門詩受古典詩的影響，並吸收電影鏡頭的運用方法，使詩歌裡時空意象的拼貼運用靈活而深刻，產生超越原來意象的獨特詩趣與

---

94 引自羅門：《素描與抒情詩》，頁 80-81。

95 引自葉維廉：〈躍舞的條線〉，《從現象到表現》，頁 461。

美感，蒙太奇式的時空意象的運用可說是羅門詩技法最重要的特色。在羅門〈打開我創作世界的五扇門〉一文中，羅門說：「『意象』的取鏡，同電影藝術鏡頭的運用，多少有些近似的地方，如蒙太奇所強調的『對照法』、『平行法』、『同時並進法』、『多元性發展法』…與我在下面從創作經驗中所體認的種種取鏡法是有某些共同性的」。[96]

意象的並置中，使許多有共同涵意與指向的時空意象並組，將零碎不連續的鏡頭縮結，組成交感的意象稱為縮合。如〈咖啡廳〉：

> 一排燈
> 　排好一排眼睛
> 一排杯子
> 　排好一排嘴
> 一排椅子
> 　排好一排肩膀
> 一排裙子
> 　排好一排腿
> 一排胸罩
> 　排好一排乳房
> 一排眼睛
> 　排好一排月色
> 一排嘴
> 　排好一排泉音
> 一排肩膀

---

[96] 引自羅門：《羅門論文集》，臺北：文史哲出版社，1995，頁 30。

> 排好一排斷橋
>
> 一排腿
>
> 排好一排急流
>
> 一排乳房
>
> 排好一排浪
>
> 夜
>
> 便動起來[97]

　　燈、杯子、椅子、裙子、胸罩是象徵咖啡廳裡景觀的意象；眼睛、嘴、肩膀、腿、乳房等對應的意象是象徵都市人的慾望；月色、泉音、斷橋、急流、浪，則以自然意象隱喻眼睛、嘴、肩膀、腿、乳房，將無生命體與生命體組合，又將生命體與另一組無生命體組合，現實的時空和想像的時空巧妙的綰合起來，把都市夜生活物慾橫流的放縱情態，通過各種片斷鏡頭的結合而突顯出來。詩人主觀的批判在一系列綰合的意象中隱然可知。又〈瘦美人〉這一首詩也是運用綰合的技巧：

> 她臥下
>
> 一條水平線　　游在海上
>
> 擺盪成曲線　　是江
>
> 起伏成弧線　　是月
>
> 伸展成直線　　便月湧大江流[98]

　　利用排比結構將女子的臥姿以各種線條展現出來：「一條水平線／擺盪成曲線／起伏成弧線／伸展成直線」這些生動的女子體態的描繪與「游在海上／江／月／月湧大江流」等自然意象綰

---

97 引自羅門：《都市詩》，頁 89-90。

98 引自羅門：《素描與抒情詩》，頁 46。

結起來，相互交感，使女子的身姿不僅僅是靜態的呈現，動態的
靈秀之美流洩而出。

「疊映」是將不同時空的世界摺疊在一起，把現在的時空實
象和過去、未來的時空虛象，以攝影手法堆疊起來，一真一幻在
同一畫面上，作回敘或預想，互相滲透映照的意象產生嶄新的豐
富內涵。〈麥當勞午餐時間〉一詩可作爲典範：

　　一群年輕人
　　　　帶著風
　　　　衝進來
　　被最亮的位置
　　　　　拉過去
　　　　同整座城
　　　　坐在一起
　　……
　　三兩個中年人
　　坐在疲累裡
　　手裡的刀叉
　　慢慢張開成筷子的雙腳
　　走回三十年前鎮上的小館
　　……
　　整張桌面忽然暗成
　　　　　一幅記憶
　　那瓶紅露酒
　　　又不知酒言酒語
　　　　　把中午說到
　　　那裡去了

當一陣陣年輕人
　　來去的強風
　　　從自動門裡
　　　　吹進吹出
你可聽見寒林裡
　　飄零的葉音

一個老年人
坐在角落裡
穿著不太合身的
　　　　成衣西裝
吃完不太合胃的
　　　　漢堡
怎麼想也想不到
漢朝的城堡那裡去
玻璃大廈該不是
那片發光的水田
枯坐成一棵
　　室內裝潢的老松
不說話還好
自言自語
必又是同震耳的炮聲
在說話了[99]

在麥當勞午餐時間，同一時空出現三個世代，內涵不同的中國人，

---

[99] 引自羅門：《都市詩》，頁 84-87。

意象互相堆疊映照，顯示三處斷層的生命現象，年輕人已經融入
西方的文化，同整座城市的脈動連接在一起，在象徵西方科技文
明的麥當勞速食店裡，年輕人佔據了最亮的位置。中年人的記憶
仍停留於三十年前鎮上喝著紅露酒的小館，和年輕人的強勢相
比，中年人宛如寒林裡飄零的葉音。西裝、漢堡和玻璃大廈對老
年人而言是如此的格格不入，他枯坐宛如一棵室內裝潢的老松，
在麥當勞代表的現代文明之中已然將時空錯亂，恍惚又回到炮聲
震耳的戰場上了，昏暮的景象是老年人的生命寫照。三種存在於
不同時空的中國人意象疊合在一起，焦點則集中於對冷漠無情，
不斷往前推進的現代文明深刻的反省，領悟應以文化的關懷正視
存在於不同世代的中國人，否則機械文明將把人不斷的進行切
片，使心靈的力量被商業文明所吞噬。〈回到原來叫一聲您〉則
是另一首運用疊映技巧的題例：

> 母親
>
> 為何正當您將一支支
>
> > 削好的甘蔗
> >
> > 甜入我的童年
>
> 一支支槍枝卻不停張口說
>
> > 歲月是苦的
>
> 即使一支支火箭
>
> 此刻從地球任何一個方向
>
> > 射出去[100]

母親的愛營造詩人甜蜜溫暖的童年，雖然苦難中國的一連串戰爭
在詩人的青年時期拓下可怕的記憶，歷經數十年的漂泊和艱辛，

---

[100] 引自羅門：《戰爭詩》，頁 115-116。

到了科技發達，到處均可發射火箭的現在，詩人仍深深的思念著慈愛的母親和遙遠的故鄉。童年、青年及老年的記憶片斷疊合在一起，流露詩人對母親及故鄉的深厚情感。

　　「轉位」是在詩行的意象之間利用形、音、義的共通性，作為媒介，完成轉位，使不同時空的意象可以互相接引，產生新的視覺意象。如〈火車牌手錶的幻影〉一詩是以意象間「形」的共通性進行轉位：

　　　　三十年

　　　　錶換了　心不換

　　　　鞋換了　路仍在走

　　　　車輪直喊著軌道

　　　　車窗追問著風景

　　　　我發呆地踩住鞋下的地毯

　　　　　它該是那一種溫暖的鄉土[101]

火車牌手錶和草鞋，是抗戰時期大後方常見的東西。在炮聲隆隆中，火車牌手錶與草鞋伴隨詩人渡過艱苦的歲月。經過三十年，坐在異鄉的火車上，踩著厚厚的地毯，享受文明的便利，以火車和火車牌手錶意義的相類；腳踩著地毯與腳穿著草鞋踏在土地上情態的形似，而完成轉位，以現今文明的生活與回憶中故鄉的艱困互相啣接映照，走過三十年的滄桑，一種深沉的感慨伴隨著思鄉情懷，在不同時空意象的轉位中油然而生，突兀的轉接引發更深層的情感與思緒。〈遙望故鄉〉則是另一個以意象間「形」的共通性而轉位的題例：

　　　　要不是遠方迷朦了

101　引自羅門：《戰爭詩》，頁 59。

　　便是眼睛溼了

　　從聲聲感歎中回來

　　山與水哭著在後邊跟

　　已看不清那是海

　　還是母親端來一盆

　　　漾漾的洗澡水[102]

大陸與臺灣曾長期處於隔絕的對峙狀態，1975 年詩人在金門遙望故鄉，雖僅相距幾千公尺，但等了三十年卻仍無法回家，詩人熱淚盈眶，看不清眼前到底是海水，還是記憶中母親端來的洗澡水，以水的形似意象完成轉位，產生難以言傳，深沉的悲痛效果。〈週末旅途事件〉則是以意象間「音」的共通性完成轉位：

　　進站的汽笛聲

　　拉著警報來

　　響來戰爭的年月

　　一陣慌亂

　　大家都往防空洞裡逃

　　坐定下來

　　竟是觀光號車廂[103]

以火車進站的汽笛聲與空襲的警報聲，類似的聽覺意象完成轉位；防空洞和觀光號車廂形似的空間概念，亦可應用為轉位的方法。〈賣花盆的老人〉：

　　一陣警哨過來

　　他推著越來越沉重的車輪離去

102　引自羅門：《戰爭詩》，頁 87。

103　引自羅門：《戰爭詩》，頁 80-81。

> 有人看見他在輕快的口哨聲中
>
> 　　　　　滾著鐵環[104]

警哨的催逼聲中，老人無奈的推著象徵生活重擔的車輪離開，和在充滿輕快口哨聲中，滾著鐵環的青春少年之間，以哨聲「音」的共通意象和輪子「形」的共通意象完成轉位，年華老去的異鄉遊子飄泊孤獨，令人一灑同情之淚。又如〈時空奏鳴曲〉，乃是運用意象間「意」的共通性進行轉位：

> 往前　茫茫雲天
>
> 回頭　九龍已坐車
>
> 　　　　竄入邊境
>
> 將我望回臺北市
>
> 　泰順街的窗口
>
> 望了三十多年
>
> 那個賣花盆的老人
>
> 仍在街口望著老家的
>
> 　　　花與土[105]

在遠望著通往家鄉的廣九鐵路時，以泰順街的窗口與老人身處的街口，相似的眺望空間中平滑的移換場景，如同羅門的思鄉，賣花盆的老人也望了三十多年仍無法一圓回家的夢，望的雖是本省的「花與土」，但是思念的卻是故鄉的「花與土」，「花與土」飽含鄉土、故里的意義，故此處利用「意」的共通性進行轉位。不同時空的轉位對照中，現實的實象與記憶的虛象相互重疊碰撞，有家歸不得的悲痛在「望」字裡具體可感。

104　引自羅門：《戰爭詩》，頁 94。

105　引自羅門：《戰爭詩》，頁 64。

　　「對比」是將同一時間不同地點的意象組合在一起，產生強烈的對照，而予人驚心動魄之感。〈二比二‧二十比二十‧未完成的隨想曲〉第九節云：

　　　鳥聲與泉音
　　　　叫森林越睡越沉

　　　流行歌與車輪聲
　　　　叫都市翻來覆去

第十四節云：

　　　貝殼聽海叫
　　　　　聽陽光與月光在隔壁說話
　　　耳朵聽槍叫
　　　　　聽她與鈔票在笑裡笑[106]

大自然中自在的生活與都市糜爛的景象形成強烈的對照，鳥聲、泉音與流行歌、車輪聲的對比，是代表「第一自然」天然的森林，與代表「第二自然」人為的都市本質的不同，身處於「第一自然」的貝殼被海濤、陽光和月色所圍繞，但人類在充斥女人、鈔票和暴力的都市裡，卻是沉淪於感官的刺激當中。同樣的時間，不同空間的片斷一組合，便湧現詩人寄寓其中，對田園與都市生活的主觀評價。又如〈時空奏鳴曲〉：

　　　他已想不到那麼多
　　　見到羅馬瓷磚
　　　　便問石板路
　　　見到香吉士

106　引自羅門：《自我‧時空‧死亡詩》，頁 103-106。

　　　便問井水

　見到新上市的時裝

　　　便問母親在風雨中老去的臉[107]

以老人內心的時空世界和新世界互相對照，羅馬瓷磚與石板路，
香吉士與井水，新上市的時裝和母親在風雨中老去的臉都是強烈
的比較，老人不符時代潮流的笨拙可笑在「問」這一動詞裡流露
而出，反激發讀者深沉的悲憫之情。再如〈愛荷華印象〉：

　戰爭走過的土地

　過重的坦克與砲彈

　　　壓出來的是血淚

　文明叫囂的大都市

　過重的鋼鐵與建築

　　　壓出來的是冷漠

　坐在秋天暖陽中的 IOWA

　過重的寧靜與溫和

　　　壓出來的是滿城的

　　　　笑容　牛奶　巧克力糖

　　　與婦女們的豐盈

　在紐約

　建築物站起來

　將天空與原野吃掉

　在 IOWA

　大自然站起來

---

107 引自羅門：《戰爭詩》，頁 67。

建築物坐下去

　静静看地綠過來

　　　天藍上去

所有的窗都是飛在風景中的

　　　　鳥[108]

此詩第一節使用對比的意象，以戰爭的坦克和砲彈製造的血淚；文明的鋼鐵和建築產生的冷漠突顯愛荷華的悠閑靜雅，令人嚮往的生活風貌，在明媚燦爛的秋光中，寧靜與溫和孕育滿城的笑容、牛奶、巧克力糖與婦女的豐盈。第二節則以紐約令人窒息的摩天大樓和愛荷華大自然的藍天綠地作對比，在愛荷華從窗口望出去，人的靈視都能宛如小鳥自由自在的飛翔。這種對比的意象能使愛荷華整體的自然情調在讀者的印象裡更鮮明深刻。

　　「並列」是將不同時空的斷片意象，以詩人主觀的情志組合在一起，構成獨立而又緊密的內在聯繫。如〈小提琴的四根弦〉：

童時，你的眼睛似蔚藍的天空，

長大後，你的眼睛如一座花園，

到了中年，你的眼睛似海洋多風浪，

晚年來時，你的眼睛成了憂愁的家，

沉寂如深夜落幕後的劇場。[109]

整首詩的美學構思以時間結構法而開展，意象並列而有遞進，圍繞著象徵靈魂的眼睛。小提琴的四根絃比喻人生的四個階段，歲月的滄桑刻劃在人生的各種階段，小時候靈魂如同蔚藍的天空，清澈明亮；長大後生命成長如一座花園，茂盛而豐富；中年時已

---

108. 引自羅門：《自然詩》，頁 142-143。
109. 引自羅門：《自我‧時空‧死亡詩》，頁 41。

看盡各種世態，故如風浪的海洋，瀟灑不羈；到了晚年，便如同
落幕後的劇場，帶著哀愁，曲終人散後，只有留下觀眾的評斷。
詩句並列並有內在之聯繫，可見「人」自我的觀照是羅門詩欲深
入探討的主題。又如〈悠然見南山〉：

> 我的眼睛是從很遠走來的一條路
>
> 從運童話的紙船
>
> 　　到運炮火的艦艇
>
> 　　到運天空的雲
>
> 　　還有什麼不成為那口煙中的淡遠[110]

短短的數句描繪詩人的生命歷程。由遠方而來，一生飄泊異鄉，
「運童話的紙船」代表無憂無慮的少年時期；「運炮火的艦艇」
指詩人青年時期經歷戰亂的苦痛；「運天空的雲」則是指最後依
歸於詩與藝術的國度。在裊裊的香煙繚繞中，心境自在，一切皆
化為平淡深遠。在並列的時空意象裡，展現詩人連續而不可分割
的人生階段。

　　「聚合」是使意象如同眾多河流奔向大海，一切的想像與比
喻均圍繞著同一個主題。如〈銀行〉以銀行作為意象構思的中心：

> 那是銀子休息與睡覺的地方
>
> 只要她醒來
>
> 「行」出去
>
> 方向全對準她
>
> 笑口對她開
>
> 槍口對她叫
>
> 計程車一路跳錶

---

110 引自羅門：《自然詩》，頁108。

　　　　一路追著她跑

　　　歲月背著薪水袋

　　　一輩子跟著她走[111]

意象的組織由外而內的聚合，如河流匯入大海般，以各種時空意象，將銀行在都市的定義與特色陳列，最後烘托出「銀行」的中心主題。銀行在都市中的地位十分重要，是鈔票的聚集地，每個人的生活都與銀行連在一起，笑口、槍口全對準她，人耗盡青春所換得的代價也拼命往她那裡塞，構思十分新穎。再看〈露背裝〉：

　　　眼睛圍在那裡

　　　大驚小怪的說

　　　那是沒有欄杆的天井

　　　　　　　近不得

　　　警笛由遠而近

　　　　　由近而遠

　　　原來那是二十世紀新開的天窗

　　　眼睛遂都亮成星子

　　　　把那片天空照得

　　　　　閃閃發光[112]

二十世紀的摩登美女穿著性感的露背裝是眾人目光凝聚的焦點，如沒有欄杆的天井充滿危險，警笛急促的鳴叫聲更加強危險的味道。美女的露背裝又如新開的天窗，令眾人的眼睛亮成天空閃爍的星星。這些意象都圍繞露背裝的主題而陳述，聚合而成全面性的概念。羅門創作大系中《都市詩》裡使用聚合式蒙太奇的手法，

111　引自羅門：《都市詩》，頁 130。

112　引自羅門：《都市詩》，頁 101。

以各種不同時空的意象將詩人心中的主題具體的描繪，如〈電視機〉、〈眼睛的收容所〉等均屬此類；素描詩運用聚合式蒙太奇的技巧亦有數首。[113]

　　「發散」的意象結構與聚合相反，是向外輻射的形態，而非向內凝聚。先確立主題，再以各種意象條列陳述。如〈完美是一種豪華的寂寞〉：

　　　你是廣大的天空
　　　　就不能只讓一隻鳥
　　　　　飛進來
　　　　　即使是天堂鳥

　　　你是遼闊的原野
　　　　就不能指讓一棵樹
　　　　　　　長進來
　　　　　即使是神木

　　　你是連綿的山
　　　　就不能只讓一樣金屬
　　　　　　　藏進來
　　　　　即使是鑽石

　　　你是無限的時空

113　包括〈女性快鏡拍攝系列〉、〈拉蒙娜〉、〈都市的五角亭〉、〈都市三腳架〉、〈垃圾車與老李〉、〈礦工光的牧者〉、〈老法蘭德〉、〈郵差〉。

就不能不讓短暫

　　　走出去

　　永恒住進來

你是完美

　就得因完美

　　永遠守在那份

　　　豪華的寂寞[114]

以第二人稱主觀向外宣籲的方式，反覆說明完美為何是一種豪華的寂寞。各種時空意象以主題為中心，向外條列宣洩。藝術要達於完美，便應具有時代性和普遍性，故應先敞開心胸，容納各種不同的聲音，而不能獨鍾一樣意見，即使那是多麼珍貴的說法。如：天空要讓各種鳥飛進來，不能獨厚天堂鳥；原野要長滿各類的樹木，不能獨愛神木；山要藏納各種的礦石，不能獨收鑽石。偉大的詩與藝術作品應融合各類學理和思考方式，才能擁有永恒的生命，為了追求完美，詩人與藝術家必須站在人群的最頂端，守住無盡的孤寂，才能瞻望美的極致，羅門使用各種繽紛的意象，反覆描繪主題：何謂完美。詩人對詩和藝術的神聖信念便隨著輻射狀的意象傾倒而出。再看〈據說後現代是一隻狐狸〉：

那不是溜冰場

也不是幼稚園裡的滑板

它走過的

　明明是翠綠的草地

你跟著走

---

114 引自羅門：《題外詩》，頁 115-117。

　　　　　腳下竟是滿地的青苔
　　　　　　　一路跌跤
　　　你追它
　　　　　路外有路
　　　　　洞裡有洞
　　　除非能抓住流星的尾巴

　　　　據說後現代就是一隻狐狸
　　　　　　同新人類正在玩
　　　　　新的捉迷藏遊戲[115]

後現代的創作意識與發展方向飄忽搖擺，生存環境和藝文空間亦已失控，明明是翠綠的草地，但是你跟著走，卻如踏上青苔一路跌跤，你追著它也無法跟上它變化的速度，最後詩人宣稱：後現代是一隻狐狸，正和新人類玩著新的捉迷藏遊戲。詩人以發散的結構條列意象，宣喻後現代文化的特色，而對後現代文化的空洞與漫無目標提出警訊。

五、通過動詞的變形造成不同時空
視象間的聯合、跳轉和改變

　　羅門重視動詞的使用，他在〈打開我創作世界的五扇門〉說：「動詞是詩生命的動力，其動向、動態、動能、動量、動感等是否適當準確，都將影響整首詩的運作效果與結構。」[116]通過動詞的變形，可以造成不同時空的拼接，使視象轉化爲心象，在不同

---

115 引自羅門：《都市詩》，頁 158-59。
116 引自羅門：《羅門論文集》，頁 14。

時空間的聯合、跳轉和改變之中，動詞突出而獨特的應用可說是
羅門詩重要的時空技法。如〈大峽谷奏鳴曲〉：

　　　把世界罩在透明裡
　　　　裸開來看
　　　　　　看人
　　　　拉
　　　　　著
　　　　都市
　　　　拉
　　　　　著
　　　　　　田園
　　　　　拉
　　　　　　著
　　　　　　荒野
　　　在茫茫裡走[117]

在漫漫的時光中，人生存於各種不同的空間，以「拉」字跳接、
變化都市、田園、荒野等不同時空的視象。詩句以具體詩[118]的布
置，如同透過罩子，觀看一隊拉車的人，拉著都市、田園與荒野，
藉文字以外的視覺效果，達到作者塑造人在地面保持水平運動的
方向，拉著不同空間的情態，表現微小的人與巨大的空間奮力的
鬥爭。〈迷你裙〉：

　　　裁紙刀般　刷的一聲

117　引自羅門：《自然詩》，頁99-100。

118　現代詩的形式自由，字數、行數沒有定規，從那裡對齊寫下也沒有標準，
　　　故詩人可以特定的詩形結構造成圖象的效果，任何訴諸幾何的排列，發
　　　揮文字象形作用，或具空間感的詩均可稱爲具體詩，亦稱圖象詩。

將夜裁成兩半
一半剛被眼睛調成彩色版
另一半已印成愛鳳床單

就那麼的裁過來
　　　裁成一九七二的旋律
就那麼的裁過去
　　　裁出那條令人心碎的

　　　　　望
　　　　　鄉
　　　　　的
　　　　　水
　　　　　平
　　　　　線
　　　　多少日落
　　　　多少星墜
　　　　多少月沉[119]

以「裁」這個動詞跳轉、變換時空場景。現代都市的夜晚，性感
的女郎穿著迷你裙，鮮艷的色彩、誘人的風姿吸引眾人的目光，
故夜被裁成兩半，一半是彩色的視覺效果；另一半則充滿性愛的
誘惑。將短裙裁成那條使人心碎的「望鄉的水平線」，以具體詩
的形式呈現水平線的視覺效果，「多少日落／多少星墜／多少月
沉」的漫漫時光中，遙望的形而上世界已不可得，現代都市人只
能向形而下的肉慾世界遁逃。以「裁過來」、「裁過去」作為轉

119　引自羅門：《都市詩》，頁 99-100。

換時空場景的關鍵，羅門熟練的運用動詞改變視象，在時空視象的變化中詩人對現代都市的批判顯然可知。

　　〈南方之旅〉則是以動詞將自我化入自然之中，達到神冥形化的境界：「凝眸伴夏日寧靜的園林遠渡／渡入煙雲／渡入不回首的蒼茫。」[120]眼睛凝視園林之時，靈魂已脫離肉體而遠渡煙雲，進入廣闊無邊的蒼茫之中，以「渡」字將侷限於一隅的生命開展而出，自在的遨遊於無盡的時空。另一種應用動詞的技法不但使時空跳接，也充滿了想像力與遊戲性，而使視象改變，如〈車入自然〉：

> 車急馳
> 太陽左車窗敲敲
> 　右車窗敲敲
> 敲得樹林東奔西跑
> 敲得路迴峰轉
> 要不是落霞已暗
> 輪子怎會轉來那輪月[121]

以充滿想像力的「敲」字，將陽光在車行時晃動耀眼的情形描繪得十分深刻，並跳接至也籠罩在陽光之下的道路與樹林。傍晚時彩霞滿天，而後天色漸暗，以輪子「轉」過來一輪明月，「轉」字之用是以空間的景物代替時間的轉換。又如〈流浪人〉：

> 明天當第一扇百葉窗
> 　將太陽拉成一把梯子
> 他不知往上走還是往下走[122]

120　引自羅門：《自然詩》，頁 128。

121　引自羅門：《自然詩》，頁 131。

以陽光在一格一格的百葉窗上，宛若拉成一把梯子，隱喻流浪人
對前景的選擇，是繼續流浪往下沉淪？還是振奮起來，迎向光明？
陽光恍若有形之物，被拉成梯子，這種變形的空間意象因「拉」
字而造成，故動詞的使用使羅門詩的時空造型千變萬化。

六、運用感官的錯綜移屬，使時空意象鮮明

　　要將抽象的理論化為具體，就要將意象宛若圖畫的呈現，如
能以各種感官意象的刺激加強臨場感，則更可使詩意刻劃得更為
真切，人的各種感覺器官的作用互相感應與交通，是謂「通感」[123]。
人對大自然的顏色、香味和聲音的感覺可以互相呼應轉換，使作
品時空意象新奇而幽深，且耐人尋味。羅門詩〈第九日的底流〉：
「在靜止的淵底／只有落葉是聲音」[124]則強調落葉由上而下掉落
的聲響，以聽覺意象襯托淵底的靜默及空間的寬廣寂寥。〈螺旋
形之戀〉云：

> 收容一林鳥聲　反映滿天雲彩
>
> 划入眼睛的藍湖
>
> 燈入罩　臉罩紗
>
> 景物以乳般的光滑與柔和適應我的視度[125]

眼睛所看到的美麗風景，以觸感的滑膩加強景物的柔和優美之

---

122 引自羅門：《素描與抒情詩》，頁44。

123 錢鍾書在〈通感〉一文中言提出：中國詩文有一種描寫的手法，古代批
評家和修辭學家似乎都沒有拈出，便是通感。他認為：尋常眼、耳、鼻
三覺亦每通有無而忘彼此，所謂感受之共產，即如花，其入目之形色；
觸鼻之氣息均可移音響以揣稱之。參見錢鍾書：《管錐編》第三卷，臺
北：中華書局，1979年，頁1073。

124 引自羅門：《自我‧時空‧死亡詩》頁50。

125 引自羅門：《素描與抒情詩》，頁138。

感。〈假期〉云：

　　被風捏住的那輛特快車
　　　　　　　　刀般
　　將大地像一隻水蜜桃破開
　　　淌甜美的汁在風景裡
　　……
　　海天的藍色的語言
　　山林的綠色的迴音[126]

火車如刀般劃開大地，景物的絕美有如水蜜桃的甜汁，以味覺加
強形容風景對人的吸引力，是味覺與視覺的相通。藍色的海天輕
語；綠色的山林低迴是視覺與聽覺的相通，通感的技巧使詩句產
生新穎的藝術效果。又如〈燈屋的世界〉：

　　光開著花
　　你躺在花園裡
　　色彩可聽見
　　芬芳也有聲
　　偶爾聽得出神
　　　會覺得那是一片無際的原野
　　　　　　在雨中

　　光下著雨
　　你淋在柔美的濕潤中[127]

燈屋裡流光溢彩，華美而溫馨，如同一座多采多姿的花園，可聽

126　引自羅門：《素描與抒情詩》，頁 145。
127　引自羅門：《題外詩》，頁 45-46。

見繽紛的色彩；襲人的芳香，這是聽覺、視覺與嗅覺的相通。燈光又如同雨滴，彷彿予人柔美的濕潤，這是視覺與觸覺的相通。通感的技巧應用靈活而別緻，使佈滿光的燈屋更加生氣盎然。

七、以背景的陪襯或對比的概念，使時空意象顯映

詩歌若單一描述景物，不易收到最大的效果，羅門詩以景物作為陪襯，或將事物兩相比較，則能讓概念更加具體化，常見的映襯方式有：

（一）數字上的映襯

〈二比二‧二十比二十〉云：「那麼多輪子／也只能轉動幾條街／太陽只動一隻輪子／全都跟著動」[128]，以「多」和「一」進行對比，在都市的大街上，車輛來往頻繁，象徵科技的進步，但人類永遠敵不過自然的力量，太陽只轉動一隻輪子，世界上萬事萬物便因此而隨之作息。〈週末旅途事件〉說：「往事把車窗／磨成一片朦朧／一切好近／又好遠／只是兩小時的車程／竟在記憶裡／走了三十多年」[129]，以往的回憶與現實交錯，兩個小時和三十多年互相映襯，思鄉之情自然流露。又如〈遙望故鄉〉：

> 炮聲吵了一陣過後
>
> 　　　又睡去
>
> 海卻一直睡不著
>
> 一個浪對一個浪說過來
>
> 一個浪對一個浪說過去
>
> 說了三十年只說一個字

---

128 引自羅門：《自然詩》，頁 104。

129 引自羅門：《戰爭詩》，頁 82。

家[130]

雖然海峽兩岸炮聲暫歇，然而隔絕對峙三十多年，遊子無法回返
故鄉，只能對著大海殷殷遙望，這一個「家」字在海浪的拍打聲
中說了三十多年，一與三十的互相映襯，更顯出思鄉的苦悶之情。

（二）以景物襯托人

〈二比二・二十比二十〉云：「人穿衣服／衣服口袋裡放著
一張護照／鳥穿天空／天空口袋裡什麼也不放」，人的身體必須
受衣服束縛，人的行止也必須被護照限制，而無法自由的跨越國
界，而大自然的鳥以天空為衣，自由自在的在天空來去，這樣的
映襯便顯示自然與都市的對比，其中的差異便不言可喻了。〈鳥
聲帶著早晨起跑〉說：「如有驚憶／那是盆景一早坐在樓頂上／
想起田園／我坐在搖椅上／坐回五十年前」[131]，小小的盆景裡綠
意稀疏，往昔的田園風光不復追尋，現代人只能坐在搖椅上回憶
五十年前的自然景觀，如此的映襯，悵然失落之情具體可感。又
如〈一直躺在血裡的麥堅利堡〉：

要不是來旅遊的摩登女郎

把紅嘴唇紅指甲與紅寶石

　　紅到太平洋海底裡去

誰會想起

那七萬條被炸彈炸碎的生命

　　在海底用血釀造著

　　槍口炮口傷口喝不盡的紅葡萄酒[132]

130　引自羅門：《戰爭詩》，頁86。

131　引自羅門：《都市詩》，頁142。

132　引自羅門：《戰爭詩》，頁46-47。

以到麥堅利堡觀光的摩登女郎亮麗活躍的青春，如鮮血般的紅嘴唇、紅指甲與紅寶石，對比映襯著被人遺忘，沉入太平洋陰暗海底的七萬條死滅的年輕生命，他們被炸彈貫穿的傷口流著如紅葡萄酒般的鮮血，這樣鮮明的映襯突顯戰士悲慘的命運，詩人的沉痛在此具體的表現。〈夏威夷〉一詩則以景物映襯人，使夏威夷的夢幻情調更加鮮明具體：

> 夜晚　海是一把自己拉的大提琴
>
> 太陽的噴泉　移到婦女們裸開的胸口
>
> 　噴向那些容易走火的視線
>
> 當她們從不同的豪華中走來
>
> 　踏著旋律花影與眼睛
>
> 　　步入火把暴露的園景
>
> 彩色噴霧華麗了她們的巧笑
>
> 幽美的提琴拉出她們心中的彩帶
>
> 弄情的吉他彈開了禁宮的後花園
>
> 今夜必有一隻醉船浮在無岸的海上
>
> 而當一陣海風吹上 WAIKIKI 頂樓的露臺
>
> 誰站在那裡誰　都會長出天使的翅膀[133]

羅門說：「在 WAIKIKI 的夜晚，由各國來的遊客與闊佬，給這裡的美麗更帶來了榮華，婦女們穿著各國奇豔的晚禮服，緩緩的踏著迷人的步態，走入彩色噴水池與火把照耀的亭園，那些被提琴與夜色溫雅了的嫵媚與眼波，的確較白晝的海景與夜晚的白蘭地還迷醉人。」詩人以顏色、動作、聲音等各種景物作為映襯，將婦女的曼妙姿容極力烘托出來。如：婦女步入充滿音樂、鮮花與

---

133 引自羅門：《自然詩》，頁 135-136。

火把的花園，以群眾走火的視線來映襯彷彿移進一座火熱太陽噴泉的裸露胸口；以彩色的噴霧映襯她們嫵媚亮麗的巧笑；以幽美的提琴聲、浪漫的吉他聲映襯她們快樂奔放的情緒。最後詩人作了結論：人們極易迷醉在夏威夷旖旎的風光和動人的夜色之下，而不論是誰站在 WAIKIKI 的露臺上，當海風吹來，舒暢的身心讓人宛如長出天使般的翅膀而乘風飛翔。

（三）以景物映襯景物

〈都市你要到哪裡去〉云：「當輪齒與鐘齒／幾乎把時間啃光／荣油燈仍望著／日光燈發愁」[134]，即使人類降服於都市的結構，人在輪齒與鐘齒的壓迫中將生命逐漸耗盡，科技與物慾侵吞人類的靈性，人類仍舊是動物而不是機器。荣油燈象徵田園生活，日光燈象徵都市生活，二者之間的消長值得人類深思，詩人的警示鮮明有力。〈永恒在都市是什麼樣子〉：「傳教的牧師說／禮拜堂有一個窗口／可看到天堂／他們卻堅持在床上／找另一個洞口／看永恒」[135]，將禮拜堂望向永恒的窗口與現代人放縱情慾而在床上找到的洞口互相映襯，現代人所謂的永恒是如此的可悲可笑，諷刺之意甚濃。又如〈有一條永遠的路〉：

> 天空與大地
> 抱著溫潤的圓形在走
> 都市與摩天樓
> 抱著冷冷的方形在走
> 歲月是向東向西
> 　　向左向右

---

134 引自羅門：《都市詩》，頁 67。

135 引自羅門：《都市詩》，頁 134。

　　　　一直吵得不停

　　　　……

　　　　在貝多芬的樂音裡

　　　　有一條永遠的路

　　　　讓鳥能飛回剛展翅的地方

　　　　　花能開回剛開放的地方

　　　　　河能流回剛流動的地方

　　　　　　人能真的回到人那裡去[136]

天空與大地的空間是溫潤的圓形，也是「第一自然」的象徵，都市與摩天樓的空間是冷漠的方形，也是「第二自然」的象徵，以圓形的自然物——天空與大地、方形的人造文明——都市與摩天大樓互相對比映襯，在「第一自然」和「第二自然」之間的爭戰中，人類陷入膠著與矛盾，既不能割捨自然的田園山水又無法離開文明帶來的便利，只有藝術能使「第一自然」與「第二自然」獲得平衡，使人的靈魂淨化，在貝多芬的樂音裡萬物可走出一條永遠的路，回到始初的原點。

八、時空的溶合

　　羅門詩將現實中原本連續的時空予以分割，將真實世界中分割的時空意象並置。過去、現在和未來，這種時空溶合的技巧將各種不同的時空，在詩人主觀的安排下，以一個新秩序重新組合，顯示特別的意義。〈時空奏鳴曲〉云：

　　　　一輛西式嬰兒車

　　　　推著新的歲月經過

　　　　一排高樓聳立在

---

136 引自羅門：《自我‧時空‧死亡詩》，頁 97-99。

　　　打樁的巨響裡

　他從炸彈聲中醒來

　仍看見那個抓不到乳瓶的棄嬰

　　　　坐在彈片散落的廢墟上

　整座天空在煙火中

　　　　藍不出來

　當藍哥兒將整條街

　　　　藍過來

　一群人走進禮拜堂

　　　去看聖母

　一群人湧進百貨公司

　　　去看歲月[137]

將原本延續的時空予以分割，現實中的都市正興建高樓大廈，由
打樁的巨響而聯想到過去炮聲隆隆的戰場，及戰地記者王小亭拍
攝的那一張棄嬰在被炸過的廢墟上哭泣的得獎照片，再由藍不出
來的天空回到現實世界，整條馬路都充斥穿著藍哥兒牛仔褲的人
們，或去禮拜堂洗滌靈魂，或去百貨公司殺時間，卡在過去與未
來之間，可見到上一代在炮火中的掙扎，與下一代在都市文明中
成長的迷失。分割的時空以詩人安排的新秩序再重新組合，新的
世界與舊的世界重覆變換，時間的流動十分迅速，而空間的對比
更加強烈。〈週末旅途事件〉云：

　在西式雙人座椅上

　誰會把朱唇

　看成染血的彈片

---

[137] 引自羅門：《戰爭詩》，頁 66-67。

> 把跳著迪斯可的輪聲
>
> 聽回剛才的軍步
>
> 走回逃亡的腳步
>
> 那幾支久未冒血的槍管
>
> 轉入都市頻道
>
> 已美如餐桌上的
>
> 　　香檳酒瓶[138]

過去和現在的時空交相互換，分割的時空看似錯亂，而其實是以作者的意識將它們以新的秩序溶合在一起。紅唇與染血的彈片，彈跳如迪斯可的車輪聲與軍步聲，槍管與香檳酒瓶，有形、音、義的類似，轉換之間可見世事的滄桑變化。過去戰場上的悲歡歲月溶合至眼前週末的旅途裡，作者豐富的想像力使詩歌的畫面產生不同時空的疊映景象，在虛象和實象之間令人目不暇給，往昔戰爭歲月的恐怖和現今太平景象的歡愉令人感慨。又如〈用傷口獨飲——給 U.SAM〉：

> 餐桌上那杯紅茶與三明治
>
> 這簡單的結構與組合
>
> 別人看來只是捷便的午餐
>
> 在他憂忱的眼神中
>
> 三明治竟是彈片夾肉
>
> 紅茶仍淌著血
>
> 整張桌面與他的臉
>
> 突然變成逃亡的荒地
>
> 歲月一直定居不下來

---

138 引自羅門：《戰爭詩》，頁 81。

　　路離家越來越遠

　　他的腳步越來越慢

　　將苦憶調在茶裡

　　他用傷口獨飲

　　望著空茫的窗外

　　只有 IOWN 的落葉

　　　聽見他的嘆息[139]

U.SAM 是羅門在美國參加「國際作家交流會」時所認識的一位流亡作家，詩人注意到在 U.SAM 的憂忡眼神裡，過去戰爭的陰影仍揮之不去。現實中的三明治與紅茶轉化為可怕的彈片夾肉和流淌的鮮血，桌面與他的臉則轉化為逃亡時的荒地，而遊子飄泊異國無法回返家鄉的痛苦只能獨自承受，以傷口獨飲這杯苦茶。末了，當他面對茫茫的未來，只有 IOWN 蕭瑟的落葉才能聽見他低聲的歎息。這首詩屬於意識流的寫法，以餐桌上簡單的食物為媒介，在過去、現在和未來間來回穿梭，並將時空重新溶合，呈現詩人主觀的意志，記憶中逃亡的歲月；現實裡飄泊的辛酸；未來茫然無助的不確定感把 U.SAM 壓得喘不過氣來，那一聲輕輕的歎息叫人為之鼻酸，羅門自己也有同樣遭逢離亂，流亡異地的苦楚，在哀憐 U.SAM 的同時亦有自憐之情。

九、時空的凍結

　　流動的時空在轉瞬之間成為靜止的凝結狀態，這種孤寂能深深的震懾讀者的心，羅門詩將大景象、大氣魄的事物置於凝固凍結的刹那之間，尤能收到戲劇性的效果。〈時空奏鳴曲〉云：

　　車走後

---

139 引自羅門：《素描與抒情詩》，頁 114-115。

　　　　連土地都忘了

　　　　在那裡上下車

　　　　整條鐵軌

　　　　鞭過天空

　　　　聲聲迴響

　　　　　陣陣痛[140]

作為主詞的鐵軌，飛離大地，向天空鞭去，這種超現實的意象在詩人的心靈中，能擊出凝聚在時空裡對故鄉永恆的思念，而此句作為本詩的結束，可說是展露相當高明的刹車技巧，景象在瞬間的凍結，使悲痛更能透入人心。〈麥堅利堡〉云：「麥堅利堡是浪花已塑成碑林的陸上太平洋／一幅悲天泣地的大浮雕／掛入死亡最黑的背景」，七萬座大理石的白色十字架形成的碑林，有如太平洋的浪花凝結，形成一座永恆的陸上太平洋，時間靜止不動，空間亦是無聲無息，這樣的時空凍結宣示七萬個原本精采的人生突然終止，引發更深厚的悲劇感，詩人以心靈透視生命的真義可得而知。又〈一直躺在血裡的麥堅利堡〉云：

　　　　滿目白茫茫的十字花

　　　　在風雨中開

　　　　　越開越白

　　　　　越白越茫

　　　…………

　　　　而一直躺在血裡的麥堅利堡

　　　　你只是一片白茫茫死不了的死亡

　　　　　一盆開在時空之外的盆景

---

140 引自羅門：《戰爭詩》，頁 75。

　　要放　　只能放在上帝的窗口[141]

風雨中一望無際的白色十字架是凍結在時空之外的永恒，象徵死
亡的麥堅利堡如同一盆放置在上帝窗口，永不凋謝的盆景。這樣
靜止的畫面呈現在時空中凍結的瞬間，充滿著偉大與不安的顫
慄，震懾讀者的心靈。

十、時空由大而小，凝聚於一點，使事物因純淨孤立而突出

　　除了蒙太奇，特寫鏡頭也是電影的主要的語言，特寫鏡頭只
描述人、事、物有意義的一小部分，突出導演所要表達的主題。
詩歌中將物象純淨孤立起來，給予特意的描寫，作用與特寫鏡頭
是一樣的，能佔據所有的畫面，吸引全面的注意，在整首詩的發
展中，可因一葉而知秋，顯示巨大的意境。如〈流浪人〉：

　　　他向樓梯取回鞋聲

　　　　帶著隨身帶的那條動物

　　　讓整條街只在他的腳下走著

　　　一顆星也在很遠很遠裡

　　　　帶著天空在走[142]

　　這首詩表現現代人被時空與都市文明放逐的孤寂無助，時間
隨著流浪人的動作無聲無息的流逝，空間則以特寫的方式將主題
突顯。影子是流浪人隨身攜帶的動物，在漫長的街道上，只有影
子跟隨著流浪人的腳步，不知行向何處？這種特寫讓讀者集中焦
點，而突出流浪人的孤獨與寂寞，鏡頭再往上移，廣大的天空中
懸掛著一顆孤星，與流浪人的孤苦互相映襯，餘味無窮。「讓整

---

[141] 引自羅門：《戰爭詩》，頁 47-48。

[142] 引自羅門：《素描與抒情詩》，頁 43-44。

條街只在他的腳下走著」，「一顆星也在很遠很遠裡／帶著天空
在走」，這兩種意象以令人驚異的主客體在空間換位的技巧，一
經詩人的特寫，便和尋常的景象截然不同，使讀者感知詩中孤寂
徬徨的強烈情緒。又如〈天空〉：

> 船一開出
>
> 天空便成了沒有瞳孔的眼睛
>
> 影子們瘦成秋日的樹影
>
> 而你是唯一在落葉聲中
>
> 堅持不下來的那片葉子
>
> 陪著天空[143]

船隻映襯著廣大無邊的天空，而漸漸行遠，鏡頭再縮至秋日落葉
紛飛的樹木，最後鏡頭落在獨掛在枝頭上的葉子，時空從大而小，
意象便孤立而突出。再如〈曠野〉說：

> 高樓大廈圍攏來
>
> 迫天空躲成天花板
>
> 迫你從印刷機上
>
> 縮影成那塊窗簾布
>
> 仍開花給窗看[144]

大自然原本是一望無際的遼闊，當都市興起，高樓大廈林立，生
存的空間越來越狹小，都市人抬頭所能望見的天空是低矮的天花
板，天空的景觀由大而小，當鏡頭停留在那一方狹窄的天花板，
都市人身心被桎梏的窘狀顯然可知，文明污染、破壞生態，原野
失去本來的面貌，人們只好將大片繁花盛開的美景縮影成窗簾布

---

[143] 引自羅門：《題外詩》，頁 88。

[144] 引自羅門：《自然詩》，頁 69-70。

掛在窗前，無奈的展現風姿，以聊慰都市人抑鬱的心靈。羅門的
鏡頭由陽光燦爛，花團錦簇的盛大自然美景縮小、僵化成人造窗
簾花布，這種令人驚心的特寫無言的控訴都市文明強大的破壞
力，值得我們深思。

十一、時空由小而大，呈現無限悠遠寬廣的世界

　　柳宗元的〈江雪詩〉：「孤舟蓑笠翁，獨釣寒江雪。」鏡頭
由漁翁的釣竿轉向廣闊無邊的江雪，呈現立體的空間觀和悠長的
時間感。羅門詩也有此類的取鏡之法，如〈窗〉：「猛力一推／
雙手如流／總是千山萬水／總是回不來的眼睛」[145]，從窗口這個
定點擴展而出，由小景物的描寫而擴及大景物，自人為的窄小環
境推進千山萬水的大自然，象徵靈魂之窗的眼睛遠眺，甚至超越
視線所能到達的空間，而時空沒入蒼茫之中，情感亦隨之而迴盪
不止，產生無限的餘韻。〈第九日的底流〉一詩亦有異曲同工之
妙：

　　　　鑽石針劃出螺旋塔
　　　　所有的建築物都自目中離去
　　　　螺旋塔昇成天空的支柱
　　　　高遠以無限的藍引領
　　　　渾圓與單純忙於美的造型[146]

在貝多芬的樂音裡，鑽石針由小而大劃出聳立在天空中的螺旋
塔，成為一切的支柱，其他的建築物都無法與之相比，此時鏡頭
注視著無限高遠藍天中的螺旋塔，渾圓與單純建構了最美的造
型。鏡頭由小小的鑽石針轉變至佔領天空的巨型螺旋塔，在遙望

---

[145] 引自羅門：《自我・時空・死亡》詩，頁 75。
[146] 引自羅門：《自我・時空・死亡》詩，頁 152。

中有如與神對談一般，湧動著無窮的對藝術聖潔的膜拜。

又如〈長城上的移動鏡〉：

> 從地向天
>
> 拉一條曲線
>
> 將天空拉進空茫
>
> 從天向地
>
> 拉一條曲線
>
> 將大地拉入蒼茫
>
> 在茫茫中
>
> 你走進山水畫的空白
>
> 世界向高遠深遠平遠
>
> 　　層層展開[147]

詩人遊歷萬里長城，為它的偉大而讚歎，萬里長城彷彿是天地間的一條曲線，登上遠望，如走入以高遠、深遠、平遠的視點構成的中國山水畫，在畫中的留白之處，世界向無垠開展。由小而大的景物描寫，重重開展，像是使用伸縮的鏡頭一般，畫面越來越廣闊，最後置於無邊的空間和無盡的時間之中。

---

147 引自羅門：《戰爭詩》，頁 106。

第六章　結　論

　　時間和空間的意識對於人的生活實感是不可抽離的，有關人類的文化都以時空的座標展現，詩歌是人類心靈的精華，結合屬於時間藝術的音樂和空間藝術的繪畫，詩歌的韻律和意象的情態無法脫離時空而存在，故時空在詩的內容構成和形式構成中都是有重大的作用。

　　羅門詩自《第九日的底流》之後，詩歌的哲思與意象大幅度的躍升與純熟，集中探索生存的四大困境——回歸純我、死亡、戰爭和都市，展現對人類存在的深入追蹤。本文追究其原因，認為獨特的時間和空間的觀點，可說是使羅門詩由紅色火燄般的《曙光》時期，冷凝如藍色火燄，進入外冷內熱的《第九日的底流》時期的主因。獨特的時空觀使其凝神關注生命在時空中的推移，並通過表象，一擊而中生命潛在的核心問題，詩句因而沉渾冷鍊，但內在的情感則暗潮洶湧，其詩風從此獨豎一幟，卓然成為現代詩壇的巨擘。經由羅門詩的時空觀的層層探索，現將本文的重要發現抉之於下：

羅門詩論的觀點：「第三自然」和
「現代感」根植於時空觀

　　羅門在時空的架構上創立自己的詩論，和作品互相映發，構成一套完整的體系，「第三自然」和「現代感」是最重要的論點，「第三自然」是屬於空間的討論，而現代感則是屬於時間的探索。「第一自然」是客觀存在的自然界；「第二自然」則是屬於人為

的世界，以都市爲代表。人無法掙脫「第一自然」和「第二自然」的空間障礙，只有詩人和藝術家拿到上帝發出的通行證，以美的想像力將作者的心靈和客觀的物象融合，開拓人類存在的完美境界。當這種內在的心靈空間經由自我省察，而將一切生命與事物的結構秩序化，並將語言凝結而出，這便是屬於「第三自然」的創作活動。現代感則是現代詩人所必須具備的特質，對現代人生存的場景能敏銳的感應和調度，並掌握傳達媒體，有效的呈現新世界裡的美感經驗，在時間的流逝中永遠是先知先覺者，迎接、創造新的美感形態和秩序，避免使作品僵化，失去生命力。羅門擅於運用造型在時空中的呈現，而說明自己的詩論，綜合「第三自然」和「現代感」的觀點，以代表東方文化的圓形爲底，象徵西方思潮的三角形不斷以螺旋狀向上突破，突破後並向 N 度空間展現新的圓形，在連續的突破、展現的動作中，螺旋型的立體架構於焉形成，以此說明精神文明的理想典範是統合古今中外的學說、思潮，承繼傳統並向不斷變化的未來推進。時間在螺旋型架構裡，是爲「前進中的永恒」，不但有延續性，且能持續創新，穿越過去、現在和未來，而達到螺旋型的立體架構空間的最頂點，即無限寬廣的「第三自然」詩與藝術的世界，以此引領人類遵循純正的心性和良知，從事道德的實踐，對精神文明的提昇具有無比的力量。

羅門的時空觀來自於中西文化的融合及 各類藝術的涵育

追蹤羅門詩空觀的形成，中國文學在時空方面的思考對他影響甚深。古典詩描繪自然，表達情感，通常含有敏銳的時間意識和空間概念。季節的變遷，景物的推移，人身處於其中與之相感

相應，本容易而引發內在心靈的悸動，古代詩人由此而擴大境界，跨越形體的限制，在自然的變化中超脫而出，以虛靜之心和大自然冥合爲一。陶淵明、王維與自然純粹完全的應和，導致在他們的詩歌裡，物象不歪曲其原貌，完整而單純的景物演出，其所蘊含的哲思已跨越有限的意識而進入無盡時空的領域。羅門詩在中西之間的對話之後，最終回歸東方的自然觀，有如道家美學中所謂「再得的原性」、「重獲的自然」，[1]使詩意能表達萬物之始初及事象之本質。除吸收中國文化的滋養外，羅門並接受西方的各種思潮與學派。浪漫主義重視直覺的理解，運用想像力使物與我之間有超時空的意識融通；象徵主義以詩中的語言構設裝載滿盈的意義；超現實主義將異質的觀念、事物、語句共同呈現，或將時空割裂而創造難以言傳的真理，不再作客觀的寫實，而描寫精神上的主觀真實，羅門詩均加以吸收融合，架構多元化的時空觀念。而在現代主義中，艾略特在〈焚毀的諾頓〉詩裡將現實的時間比喻爲轉輪不停的旋轉，藝術追求永恒即找到旋轉軸心的靜止之處，這種靜止之點超脫時空而存在。羅門詩論中也以螺旋型的立體架構的軸心爲靜止之點，而以螺旋轉進旋轉出永恒不朽的詩與藝術，以此救贖受現代科技文明麻痺的人類心靈。

音樂與視覺藝術（包括繪畫、雕塑、建築、雷射光）是屬於時間和空間的藝術，使自然萬物凝結爲單純的感性或知性的抽象世界。電影則是綜合性的時空藝術，有各種蒙太奇的時空處理手法。羅門由各類藝術的涵育中，得到甚多的啓示和靈感。貝多芬

---

[1] 道家點出人原有整體渾然的意識狀態，若能使不因智知而喪失的原性在心中再生，人便能重現與萬物的運作自然自發相應和的關係，稱之爲「再得的原性」、「重獲的自然」。

的音樂意蘊豐富，引領人的精神達於富足之境，「第九交響曲」的大合唱，則有人類攜手同心，邁向大同的理想傾向，羅門的時空觀中以第一自然救贖人類心靈，自亦有得自貝多芬的領悟。現代視覺藝術推翻傳統的透視法，放棄客觀的透視景象而進入主觀的秩序形態，將無限廣闊的時空裡各類複雜的物象，經過詩人和藝術家內心的交溶和轉化，而昇華至純粹本質存在的抽象造型，使觀者的想像力可盡情飛馳。藝術出自於創作的心靈，可傳達宇宙的真理，如果太重視外在形式的寫實，便無法呈現物象的內在精神，故羅門運用單純的圓形、正方形、長方形、三角形、螺旋形來架構詩論的時空造型，使詩語言所提供的時空世界，以純一包容無限繁富，使時間無始無終，空間無窮變化，任萬物自由來去，並融合東方藝術的和諧空靈之趣與西方藝術的精確秩序之美。這種以圓形為底，溶入正方形、長方形、三角形的螺旋狀旋轉的立體造型，帶著容納萬物活動的變化空間，穿梭於過去、現在和未來。試圖以視覺造型符號將人類思想提昇至高層次並具持續性的視境，故羅門以此構思而形成獨創的螺旋型創作思想——「前進中的永恆」。或如蒙太奇電影技巧的運用，以作者的意志為中心，將不同的時空並列或錯置，羅門亦能靈活運用，使詩意更具現場性和立體感。因創作的基本架構確立，承繼傳統並吸收新機能，使作品在古今融鑄中意涵更加深刻豐富，並具現代的時空意識，即前衛性、創新性與驚異性，此種創作便經得起時代的考驗，而有永恆的價值與意義。

羅門的時空觀開拓各種獨特的詩境

羅門以螺旋型的創作時空觀——「前進中的永恆」開拓多種層面的詩境。圓形的底部循環反覆，象徵永恆超脫的哲思。蛋、

卵爲圓型，又是生命的來源，故象徵東方迴返本然的追求。自圓底聳立的三角形是西方與天抗爭的奮鬥精神，在知其不可而爲之悲劇歷程中，可見人類雄渾的精神力量與生命自覺。螺旋型的旋轉中，穿梭在過去、現在與未來，時空的扭曲與錯置成爲可能，且可準確的呈現詩人主觀的意志。由此而知：羅門螺旋型的創作時空觀對詩意的開拓是多麼的重要。綜其時空觀對詩境的開拓，約有四個重要面向，即一、永恆超脫的哲思開拓知性的詩意，二、迴返本然的探索開拓禪意的詩趣，三、雄渾的美感意識開拓宏大的詩境，四、扭曲時空的反諷思維開拓言外之意。

　　羅門以「第三自然螺旋型」的時空觀透視古今中外人類精神困境的細微之處，深入生命之中不斷進行自我反思。面對死亡這種極限的處境，由邊際發現人類最深沉的心靈之潛在的善念，而將自我提昇至永恒超脫的境界。羅門詩深邃的哲思融合中國將自我與萬物的興發互相應和，隱與大化合一的的超脫思想，並吸收西方質疑傳統、法則，與環境搏鬥以昇華自我的抗爭精神，呈現在詩句中的是洞察物象的知性詩意。故羅門詩以永恒超脫的哲思探索人類的四大困境：自我、死亡、戰爭和都市，深入討論各種精神困頓的現象，並積極尋求救贖的可能，企圖把因物質文明而引起的精神混亂與疏離，及因速度加快，空間緊迫而導致的時空壓抑，以詩與藝術架構的「第三自然」掙脫宰制，並開發內在精神的無限時空，以徹底擺脫現代人因高度科技發展而產生對存有的悲劇宿命論。

　　羅門詩中也有一種禪意的詩趣，呈現天地萬物的本然實相，這種詩境的開拓，來自羅門的時空觀中積極迴返本然的探索。在中國山水畫與西方畫家米羅的繪畫的啓示中，羅門獲得由尋常事物導入超越形上的線索。中國山水畫與米羅的造型世界有相通之

處，均能展現一切真實的存在和原本的根源。中國畫的空白不是留白，而是在象徵無限的空白之中偶畫一山一水、一石一木，而以有限通往無限。米羅的造型世界亦以虛白為底，象徵天空自由廣闊的「鳥」，及象徵大地生產動植物，生命力充沛的「女體」是米羅兩種最常用的原本與永恒的符號。羅門詩借用此一觀念，重視回歸本然的探索過程，經中西對話後，形而上的純粹世界重新由尋常生活出發，將主觀的情意移入客觀的物象之中，使詩中的自我達到對客觀物象無限的超越，主客體神契妙合，達到情景交融的地步，周遭的環境日常的世相均能經詩人靈視的洞察，而達至生命意識的最高覺醒，即所謂：詩中之悟，觸動讀者的內心深處。羅門有時或以萬物在自然中的律動展現生命的存有，這是得自道家思想及陶淵明、王維等田園、自然詩人的啟示。故羅門詩注重物象的動作，展示一種活動的整體，而自人的主觀意志脫離出來，一個原始純粹的世界便可完成，以最素樸的方式透見宇宙的真理和價值。有時羅門則以個人孤獨的面臨廣大的宇宙，經由自我揀選與超越而建立與自然的新關係，體現生命的自由，這都是羅門詩禪趣的呈現。

羅門詩具有雄渾的風格，符合如隆嘉納斯所稱的五種「the Sublime」的來源。這種雄渾風格的一端是內蘊雄渾的美感意識，另一端則是宏大詩境的呈現。羅門站在螺旋型立體架構的軸心，以形成偉大觀念的精神力量對抗人類的四大困境：自我、死亡、戰爭與都市，而激發人與時空抗衡的悲劇性，而其熾熱豐沛的情感則堅定的以一己對生命的信念，回應時空有限的人類宿命。其詩宣論式的口吻氣勢不凡，辭藻的修飾壯美昂揚，自然意象的比喻亦浩大雄奇，加上動詞的巧妙運用，使得詩句呈現立體性和活動感，流露了生命與永恒無窮時空的對比。此種宏大詩境的開拓，

羅門時空觀中所蘊生的雄渾的美感意識正為其主要因素。

羅門詩又常以超現實的手法扭曲時空，而呈現詩人主觀的真實，在語言之外，無限的真理湧現而出。詩中大量運用矛盾語法及矛盾情境，破壞常態，以主客體相反的敘述展現新意；或以蒙太奇的手法將不同的時空，不相容的事物意象併置在一起，以令人驚異的想像力形成反諷的巨大效果；或使普遍而習慣性的語言改變，尤其是動詞的使用，產生令人深思的哲理，而能準確擊中現代人心靈的深處，呈現生存的荒謬之感。大量使時空扭曲變形的結果，造成反諷的張力，而凸顯主題，開拓多層次的詩意，詩質因此更渾厚而耐人咀嚼，這種特色頗類似宋詩「反常合道」的詩論，而詢問羅門本人，對此，詩人並無先設的論點，故傑出的詩人與藝術家，不論古今，思維或有相通之處。

這些詩境的開拓是使羅門能成為臺灣詩壇重要詩人的主因，而其源則皆來自於羅門獨特的時空觀，故可知時空觀是羅門的創作軸心。

時空象徵意象豐富羅門詩的世界

偉大的藝術家、文學家均具有內視力，能以原始類型，即久遠的意象，表達外在事象，將內在的精神世界透過藝術的形式而呈現，如容格所言：藝術家是集體人。[2]故可創作人類精神的食糧，且能符合普遍性與永恒性。追索詩人風格的形成，由詩中象徵意象入手是基本的方法。羅門詩中時間與空間之意象重覆見於各首詩篇中，以人類在存在的空間場景中，面臨有限時間的挑戰，而思索生命本體的意義和價值，形成獨特的風格。象徵時間的意象

---

2 Murray Stein 著，朱侃如譯：《容格心靈地圖》，臺北：立緒文化公司，1999，頁 112-113。

如：鐘錶、鏡子、輪子、流水；象徵空間的意象如：圓、塔、方形、玻璃大廈、曠野；代表永不休止的原始生命力基型的意象有：山、海、河；呈現永恆意象的有：天空、螺旋、燈屋、燈塔；顯示時空探索意象的如：窗、眼睛、翅膀、鳥。這些有關時空的意象顯示羅門在代表原野、山林等空間的「第一自然」與方形、玻璃大廈等代表都市空間的「第二自然」中，以人為中介因子，窗、眼睛、翅膀、鳥等則代表人的靈視，以此方能在「第一自然」被「第二自然」逐漸吞噬中，將內在世界由詩與藝術導入美的形態和秩序，而建立「第三自然」的永恆之境。

時空象徵意象的運用是羅門詩相當精采的一部分，羅門天賦的美感意識及其對中西文學和各類藝術精深的了解，使他能收納中西詩歌的思維、技法與意境，運用音樂、繪畫、雕塑、建築、雷射光、電影等美學觀念和技巧，如：立體的觀念、超現實的概念、意識流、蒙太奇等方法，依詩人主觀的情志將時間倒流、跳接；把空間放大、縮小，構成與現實迥異的世界，但卻能真實呈現人類內在的心靈，在詩中拓展更廣大的時空領域，產生更精邃的詩意。本文綜觀羅門詩針對時空象徵意象的運用技巧，分析整理為下列之規則，並深入探討，期望以創新的手法詮釋羅門詩的意象運用：一、時間突破常態之秩序。二、空間突破恆定之法則。三、時空換位：時間的空間化與空間的時間化。四、將二個以上時空不同的獨立意象用縮合、疊映、轉位、對比、聚合、發散等蒙太奇的手法連起來，產生新的時空意象。五、通過動詞的變形，造成不同時空視象間的聯合、跳轉和改變。六、運用感官的錯綜移屬，使時空意象鮮明。七、以背景的陪襯或對比的概念，使時空意象顯映。八、時空的溶合。九、時空的凍結。十、時空由大而小，凝聚於一點，使事物因純淨孤立而突出。十一、時空由小

而大，呈現無限悠遠寬廣的世界。由此羅門「第三自然」螺旋型的時空觀將比較具體的呈現，而可印證時空觀是羅門詩最重要的架構。這些規則的探討在往後仍有值得繼續研究之處，可使羅門詩產生更豐富的內涵與價值。

羅門詩論與作品相互映發，而觀其詩如見其人，雖已過七旬，仍孜孜不倦於詩歌的創作，欲以詩與藝術創造的「第三自然」將人類的心靈導向圓滿的境界，這是將人類由浸沉於科技文明帶來的物慾深淵中拯救出來最好的良方。時空觀的建立，促使羅門詩螺旋型多元化的創作架構能具體的展現，站在存在的時空位置，以開放的自由心靈吸收傳統的菁華，觀視現在，創造未來，並擴大爲極有層次的詩論，使詩歌能由層層反省步步提昇的自我意識提煉出精神的不朽價值，超越現象世界的誘惑，探觸孤寂的內在世界，而創造「第三自然」美的詩篇。由此可知羅門獨特的時空觀念是羅門詩與詩論建構的基礎，由此研究羅門詩方能循序漸進，而掌握羅門詩的奧義與精髓，否則當如瞎子摸象，只知其一不知其二，無法體會羅門詩站在時空的角度，以詩和藝術提昇人類精神文明的雄心了。

參 考 文 獻 （依年代排列）

壹、羅門著作

一、 詩 集

1. 羅門：《曙光》，臺北：藍星詩社，1958 年。
2. 羅門：《第九日的底流》，臺北：藍星詩社，1963 年。
3. 羅門：《死亡之塔》，臺北：藍星詩社，1969 年。
4. 羅門、蓉子：《日月集》，臺北：美亞出版社，1969 年。
5. 羅門：《羅門自選集》，臺北：黎明文化事業公司，1975 年。
6. 羅門：《曠野》，臺北：時報文化出版公司，1981 年。
7. 羅門：《羅門詩選》，臺北：洪範書店，1984 年。
8. 羅門：《隱形的椅子》，臺北：藍星詩社，1976 年。
9. 羅門：《日月的行蹤》，臺北：藍星詩社，1984 年。
10. 羅門：《整個世界停止呼吸在起跑線上》，臺北：光復書局，1988 年。
11. 羅門、蓉子：《羅門蓉子短詩精選》，臺北，殿堂出版社，1988 年。
12. 羅門：《有一條永遠的路》，臺北：尚書文化出版社，1990 年。
13. 羅門、蓉子：《太陽與月亮》，廣州：花城出版社，1992 年。
14. 羅門：《誰能買下這條天地線》，臺北：文史哲出版社，1993 年。
15. 羅門：《羅門詩選》，北京：中國友誼出版社，1993 年。

16. 羅門：《羅門創作大系卷（一）戰爭詩》，臺北：文史哲出版社，1995 年。

17. 羅門：《羅門創作大系卷（二）都市詩》，臺北：文史哲出版社，1995 年。

18. 羅門：《羅門創作大系卷（三）自然詩》，臺北：文史哲出版社，1995 年。

19. 羅門：《羅門創作大系卷（四）自我時空死亡詩》，臺北：文史哲出版社，1995 年。

20. 羅門：《羅門創作大系卷（五）素描與抒情詩》，臺北：文史哲出版社，1995 年。

21. 羅門：《羅門創作大系卷（六）題外詩》，臺北：文史哲出版社，1995 年。

22. 羅門：《羅門創作大系卷（七）麥堅利堡特輯》，臺北：文史哲出版社，1995 年。

23. 羅門：《羅門長詩選》，北京：中國社會科學出版社，1995 年。

24. 羅門：《羅門短詩選》，北京：中國社會科學出版社，1995 年。

25. 羅門：《在詩中飛行—羅門半世紀詩選》，臺北：文史哲出版社，1999 年。

二、論　文

1. 羅門：《現代人的悲劇精神與現代詩人》，臺北：藍星詩社，1964 年。

2. 羅門：《心靈訪問記》，臺北：純文學出版社，1969 年。

3. 羅門：《長期受著審判的人》，臺北：環宇出版社，1974 年。

4. 羅門：《時空的回聲》，臺北：德華出版社，1982 年。

5. 羅門：《詩眼看世界》，臺北：師大書苑，1989 年。

6. 羅門：《羅門論文集》，北京：中國社會科學出版社，1995年。

7. 羅門：《羅門創作大系卷（八）羅門論文集》，臺北：文史哲出版社，1995 年。

8. 羅門：《羅門創作大系卷（九）論視覺藝術》，臺北：文史哲出版社，1995 年。

9. 羅門：《羅門創作大系卷（十）燈屋生活影像》，臺北：文史哲出版社，1995 年。

10. 羅門：《存在終極價值的追索》，臺北：文史哲出版社，2000年。

三、散　文

1. 羅門：《羅門散文精選》，臺北：文史哲出版社，1993 年。

貳、專　　書

一、

1. 周偉民、唐玲玲：《日月的雙軌》，臺北：文史哲出版社，1991年。

2. 林燿德：《羅門論》，臺北：師大書苑，1991 年。

3. 蔡源煌等著：《門羅天下》，臺北：文史哲出版社，1991 年。

4. 周偉民、唐玲玲主編：《羅門蓉子文學世界學術研討會論文集》，臺北：文史哲出版社，1994 年。

5. 朱徽：《羅門詩一百首賞析》，臺北：文史哲出版社，1994年。

6. 王彤主編：《羅門詩鑑賞》，香港：香港文化出版社，1995

年。

7. 蔡源煌等著：《羅門論》，北京：中國社會科學出版社，1995
年。

8. 謝冕等著：《從詩中走過來—論羅門蓉子》，臺北：文史哲出
版社，1997 年。

9. 張肇祺：《從詩想走過來—論羅門蓉子》，臺北：文史哲出版
社，1997 年。

10. 陳大爲：《存在的斷層掃瞄》，臺北：文史哲出版社，1998
年。

11. 張艾弓：《羅門論》，臺北：文史哲出版社，1998 年。

12. 龍彼德等著：《心靈世界的回響》，臺北：文史哲出版社，2000
年。

13. 陳瑞芳：〈臺灣現代詩的文學社會學考察—洛夫羅門作品中的
美學意識形態初探〉，東吳大學社會學研究所碩士論文，
1991 年。

14. 陳大爲：〈羅門都市詩研究〉，東吳大學中國文學研究所碩士
論文，1996 年。

二、

1. 周伯乃：《現代詩的欣賞》，臺北：三民書局，1975 年。

2. 王夢鷗：《文學概論》，臺北：藝文印書館，1975 年。

3. 黃永武：《中國詩學思想篇》，臺北：巨流圖書公司，1976
年。

4. 覃子豪：《論現代詩》，臺中：曾文出版社，1977 年。

5. 柯慶明：《境界的探求》，臺北：聯經出版事業公司，1977
年。

6. 黃永武：《中國詩學設計篇》，臺北：巨流圖書公司，1978

年。

7. 朱光潛：《文藝心理學》，臺北：臺灣開明書店，1979 年十三版。

8. 謬塞、波特萊爾等著，莫渝編譯：《法國十九世紀詩選》，臺北：志文出版社，1979 年。

9. 王煜：《老莊思想論集》，臺北：聯經出版事業公司，1979 年。

10. 孫昌熙、劉淦校點：《司空圖詩品解說二種》，濟南：齊魯書社，1980 年。

11. 高步瀛選注：《唐宋詩舉要》，臺北：宏業書局，1980 年。

12. 瞿蛻園注：《李白集校注》，臺北：里仁書局，1980 年。

13. 仇兆鰲注：《杜詩詳注》，臺北：里仁書局，1980 年。

14. 林明德：《中國傳統文學探索》，臺北：巨流圖書公司，1980 年。

15. 林明德、李豐楙等編：《中國新詩選》，臺北：長安出版社，1980 年。

16. 王雲五主編，陳鼓應註釋：《莊子今註今釋》，臺北：臺灣商務印書館，1981 年五版。

17. 李瑞騰：《詩的詮釋》，臺北：時報文化出版公司，1982 年。

18. 馬持盈註譯，王雲五主編：《詩經今註今譯》，臺北：臺灣商務印書館，1982 八版。

19. 拉瓦爾（Sarah N.Lawall ）、馬樂伯（Robert R. Magliola）著，李正治譯：《意識批評家－日內瓦學派文學批評導論》，臺北：金楓出版社，1983 年。

20. 陳鵬翔：《主題學研究論文集》，臺北：東大圖書公司，1983 年。

21. 張健著：《中國現代詩》，臺北：五南圖書出版公司，1984 年。

22. 宗白華：《美學的散步》，洪範書店，1984 年。

23. 楊牧：《陸機文賦校釋》，臺北：洪範書店，1985 年。

24. Wiffred L. Guerin 等編 徐進夫譯：文學欣賞與批評(A Handbook of Approaches to Literature，1966)，臺北：幼獅文化事業公司，1985 年八版。

25. 龔鵬程：《文學散步》，臺北：漢光文化事業公司，1985 年。

26. 杜而未：《崑崙文化與不死觀念》，臺北：學生書局，1985 三版。

27. 蔡錦煌：《當代文學論集》，臺北：書林出版社，1986 年。

28. 黃景進：《嚴羽及其詩論之研究》，臺北：文史哲出版社，1986 年。

29. 項退結：《現代存在思想家》，臺北：東大圖書公司，1986 年。

30. 康德著，宗白華、韋卓民譯：《判斷力批判》，臺北：滄浪出版社，1986 年。

31. 王潤華：《中西文學關係研究》，臺北：東大圖書公司，1987 年二版。

32. 張春榮：《詩學析論》，臺北：東大圖書公司，1987 年。

33. 蕭蕭著：《現代詩學》，臺北：東大圖書公司，1987 年。

34. 佛克馬(Douwe Fokkema)、蟻布思著(Elrud Ibsch)，袁鶴翔譯：《二十世紀文學理論》，臺北：書林出版社，1987 年。

35. 艾治平：《古典詩詞藝術探幽》，臺北：木鐸出版社，1987 年。

36. 李正治主編：《政府遷臺以來文學研究理論及方法之探索》，

臺北：學生書局，1988 年。

37. 葉維廉：《比較詩學》，臺北：東大圖書公司，1988 年二版。

38. 葉維廉：《歷史傳釋與美學》，臺北：東大圖書公司，1988
年。

39. 陳懷恩：《尼采藝術形上學》，嘉義縣：南華管理學院，1988
年。

40. 黃維樑：《中國文學縱橫論》，臺北：東大圖書公司，1988
年。

41. 李正治：《至情祇可酬知己—文學與思想世界的追尋》，臺北：
業強出版社，1989 年。

42. 袁行霈：《中國詩歌藝術研究》，臺北：五南圖書出版公司，
1989 年。

43. 周振甫：《詩文鑑賞方法二十講》，臺北：國文天地雜誌社，
1989 年。

44. 王潤華：《司空圖新論》，臺北：東大圖書公司，1989 年。

45. Sir Herdert Read 著，孫旗譯：《現代藝術哲學》，臺北：東大
圖書公司，1989 年二版。

46. 袁行霈：《中國詩歌藝術研究》，臺北：五南圖書出版公司，
1989 年。

47. 古繼堂：《臺灣新詩發展史》，臺北：文史哲出版社，1989
年。

48. 馬丁·海德格（Martin Heidegger）著，陳嘉映、王慶節譯：《存
在與時間》，臺北：唐山出版社，1989 年。

49. 錢谷融、魯樞元：《文學心理學》，臺北：新學識文教出版中
心，1990 年。

50. 李元洛：《詩美學》，臺北：東大圖書公司，1990 年。

51. 林年同：《中國電影美學》，臺北：允晨文化公司，1990 年。

52. Rene、Wellek 等著，梁伯傑譯：《文學理論》，臺北：水牛出版社，1991 年。

53. 王建元：《現象詮釋學與中西雄渾觀》，臺北：東大圖書公司，1992 年二版。

54. 楊恒達著：《尼采美學思想》，北京：中國人民大學出版社，1992 年。

55. 王雲五主編，陳鼓應註譯：《老子今註今譯及評介》，臺北：臺灣商務印書館，1992 年。

56. 陳良運：《詩學‧詩觀‧詩美》，南昌市：江西高校出版社，1992 年。

57. 王瑤：《中國文學縱橫論》，臺北：大安出版社，1993 年。

58. 蕭水順：《從鍾嶸詩品到司空詩品》，臺北：文史哲出版社，1993 年。

59. 孫玉石：《中國現代主義詩潮史論》，北京：北京大學出版社，1993 年。

60. 史壯柏格（Roland N Stromberg）著，蔡伸章譯：《近代西方思想史》，臺北：桂冠出版社，1993 年。

61. 孟樊主編：《當代臺灣文學評論大系卷（二）新詩批評》，臺北：正中書局，1993 年。

62. 周嘯天主編：《楚辭鑑賞》，臺北：五南圖書出版公司，1993 年。

63. 陳祖耀：《理則學》，臺北：三民書局，1993 年。

64. 孫昌武：《詩與禪》，臺北：東大圖書公司，1994 年。

65. 馬自毅注釋，高桂惠校閱：《新譯人間詞話》，臺北：三民書局，1994 年。

66. 葉維廉：《從現象到表現—葉維廉早期文集》，臺北：東大圖

書公司，1994 年。

67. 艾蘭・普瑞德著，許坤榮譯：《空間的文化形式與社會理論讀本》，臺北：明文出版社，1994 年。

68. 周裕凱：《宋代詩學通論》，成都：巴蜀書社，1994 年。

69. 童慶柄：《中國古代心理詩學與美學》，臺北：萬卷樓圖書公司，1994 年。

70. 葉嘉瑩：《杜甫〈秋興〉八首集說》，臺北：桂冠圖書公司，1994 年。

71. 鄭明娳主編：《當代臺灣都市文學論─以世紀末視角透視文學書寫》，臺北：時報文化出版公司，1995 年。

72. 賴干堅：《西方現代派小說概論》，福建省：廈門大學出版社，1995 年。

73. 朱光潛：《談美》，台中：晨星出版社，1995 年。

74. 龔鵬程：《文學與美學》，臺北：業強出版社，1995 年。

75. 徐達譯著：《詩品》，臺北：古籍出版社，1996 年。

76. 郭銀田：《田園詩人陶潛》，臺北：里仁書局，1996 年。

77. 羅嘉昌：《從物質實體到關係實在》，北京：中國社會科學出版社，1996 年。

78. 韓林德：《境生象外》，北京：三聯書店，1996 年。

79. 楊桓達：《尼采美學思想》，北京：中國人民大學出版社，1997 年。

80. 彭瑞金：《臺灣新文學運動四十年》，高雄：春暉出版社，1997 年。

81. 周裕鍇：《宋代詩學通論》，成都：巴蜀書社，1997 年。

82. 毛正天：《中國古代詩本體論闡釋》，臺北：五南圖書出版公司，1997 年。

83. 古遠清、孫光萱：《詩歌修辭學》，臺北：五南圖書出版公司，
　　1997 年。

84. 潘麗珠：《現代詩學》，臺北：五南圖書出版公司，1997 年。

85. 錢中文、杜書瀛、楊廣元主編：《中國古代文論的現代轉換》，
　　西安：陝西師範大學出版社，1997 年。

86. 葉潮：《文化視野中的詩歌》，成都：巴蜀書社，1997 年。

87. 黃永武：《詩與美》，臺北：洪範書店，1997 年。

88. 熱拉爾貝東（G'erard　Betton）著，袁文強譯：電影美學
　　(Esthe'tique　Du　Cine'ma)，北京：商務印書館，1998
　　年。

89. 朱光潛：《詩論》，北京：三聯書店，1998 年二版。

90. 朱光潛：《談文學》，臺南：大坤書局，1998 年。

91. 劉若愚著、杜國清譯：《中國文學理論》，臺北：聯經出版社，
　　1998。

92. 柯慶明：《境界的再生》，臺北：幼獅文化，1998 年。

93. 龔鵬程：《文學批評的視野》，臺北：大安出版社，1998。

94. 杜松柏：《詩與詩學》，臺北：五南圖書出版公司，1998 年。

95. 蔡源煌：《從浪漫主義到後現代主義》，臺北：雅典出版社，
　　1998 年。

96. 陳世驤：《陳世驤文存》，瀋陽：遼寧教育出版社，1998 年。

97. 許世旭：《新詩論》，臺北：三民書局，1998 年。

98. 李慕如：《中國文學探微》，臺北：五南圖書出版公司，1998
　　年。

99. 楊義：《中國敘事學》，嘉義縣大林鎮：南華管理學院，1998
　　年。

100. 趙憲章主編：《西方形式美學》，上海：上海人民出版社，1998

年。

101. 李霖生：《超越善與惡—尼采導讀》，臺北：臺灣書局，1998
　　　年。

102. 泰瑞‧伊果頓（Terry Eagleton）著，吳新發譯：《文學理論導
　　　讀》，臺北：書林出版公司，1998 年。

103. 彼得‧柯文尼和羅傑‧海菲爾德著（Peter Coveney　and　Roger
　　　Highfield ），江濤 向守平譯：《時間之箭》，臺北：藝
　　　文印書館，1998 年。

104. 呂凱編撰：《淮南子》，臺北：時報文化出版公司，1998 年。

105. 李豐楙編撰：《神話的故鄉—山海經》，臺北：時報文化出版
　　　社，1998 年。

106. 黃永武：《中國詩學鑑賞篇》，臺北：巨流圖書公司，1999
　　　年。

107. 趙永紀：《詩論》，桂林：廣西師範大學出版社，1999 年。

108. 葉石濤：《臺灣文學史綱》，臺北：春暉出版社，1999 年。

109. 松浪信三郎著，梁祥美譯：《存在主義》，臺北：志文出版社，
　　　1999 年。

110. 李明濱主編：《二十世紀歐美文學史》，北京：北京大學出版
　　　社，1999 年。

111. 古添洪：《記號詩學》，臺北：東大圖書公司， 1999 年。

112. 蔡瑜：《中國抒情詩的世界》，臺北：臺灣書店，1999 年。

113. 蕭馳：《中國抒情傳統》，臺北：允晨文化事業公司，1999
　　　年。

114. 杜少春：《世界是這樣的寧靜—唐禪詩名篇欣賞》，臺北：學
　　　鼎出版社，1999 年。

115. 陳昌明：《緣情文學觀》，臺北：臺灣書店，1999 年。

116. Murray Stein 著，朱侃如譯：《容格心靈地圖》：臺北，立緒
文化有限公司，1999 年。

117. 瑪格麗特·魏特罕（Margaret Wertheim）：《空間地圖：從但
丁的空間到網路的空間》，臺北：臺灣商務，1999 年。

118. Anna Moszynska 著，黃麗絹譯：《抽象藝術》，臺北：遠流出
版社，1999 年。

119. 林枚儀導讀：《人間詞話》，臺北：金楓出版社，1999 年。

120. 陳國球導讀：《二十四詩品》，臺北：金楓出版社，1999 年。

121. 葉嘉瑩：《迦陵說詩》，臺北：桂冠圖書公司，2000 年。

122. 蕭蕭：《現代詩縱橫觀》，臺北：文史哲出版社，2000 年。

123. 陳鵬翔：《主題學理論與實踐》，臺北：萬卷樓圖書公司，2000
年。

124. 胡品清編譯：《法蘭西詩選》，臺北：桂冠圖書公司，2000
年。

125. 強納生·雷著，蔡偉鼎譯：《海德格》，臺北：麥田出版社，
2000 年。

126. 幺大中、羅炎編著：《亞里士多德—西方文化的奠基者》，臺
北：婦女生活社，2000 年。

127. 李清筠：《時空情境中的自我影像—以阮籍、陸機、陶淵明詩
為例》，臺北：文津出版社，2000 年。

128. 柯慶明著：《中國文學的美感》，臺北：麥田出版社，2000
年。

129. 李明濱等著，黃晉凱主編：《西洋文學導讀》，臺北：昭明出
版社，2000 年。

130. 朱棟霖、陳信元主編：《中國文學新思維》，嘉義縣大林鎮：
南華大學，2000 年。

131. 龔鵬程：《春夏秋冬》，臺北：新自然主義，2000 年二版。
132. 蔡英俊：《興亡千古事》，臺北：新自然主義，2000 年二版。
133. 徐志嘯：《中外文學比較》，臺北：文津出版社，2000 年。
134. 甄巍：《現代美術》，香港：三聯書店，2001 年。

三、期刊論文

1. 梅新：〈詩心無分古今－從黃永武中國詩學設計篇談起〉，《中外文學》，第 6 卷，第 2 期，1977 年 7 月。

2. 許東海：〈從李白賦論李白詩歌的時空特色〉，《中正中文學術年刊》，創刊號，1977 年 11 月。

3. 王夢鷗：〈文人的想像與感情的隱喻〉，《中外文學》，第 7 卷，第 9 期，1979 年 2 月。

4. 何冠驥：〈在中英詩中的時間觀念〉，《中外文學》，第 10 卷，第 7 期，1980 年。

5. 陳鵬翔：〈自然詩與田園詩傳統〉，《中外文學》，第 10 卷，第 7 期，1980 年 12 月。

6. 黃居仁：〈時間如流水－由古典詩歌中的時間用語談到中國人的時間觀〉，《中外文學》，第 9 卷，第 11 期，1981 年 4 月。

7. 劉若愚著，陳淑敏譯：〈中國詩中的時間、空間與自我〉，《書目季刊》，第 21 卷，第 3 期，1987 年。

8. 李漢偉：〈山光悅鳥性，潭影空人心－試釋唐代自然詩〉，《中國國學》，第 15 期，1987 年 9 月。

9. 王念恩：〈論象徵主義的美學特徵〉，《淡江大學中國文學系文學與美學研討會論文》，1990 年 6 月。

10. 雨石：〈論當代文學中的死亡意識和永恒觀〉，《中國現代當代文學研究》，第 3 卷，1992 年。

11. 翁奕波：〈論臺灣五六十年代現代派詩的審美特質〉，《中國現代‧當代文學研究》，第 3 卷，1992 年。

12. 吳晟：〈現代詩價值取向之我見〉，《中國現代‧當代文學研究》，第 3 卷，1992 年。

13. 董崇選：〈渥滋華斯的「動」－「靜」母題〉，《英美文學評論》，創刊號，1993 年。

14. 吳國盛：〈時間學新貌〉，《誠品閱讀》，第 18 期，1994 年 10 月。

15. 王孝廉：〈永劫與回歸〉，《誠品閱讀》，第 18 期，1994 年 10 月。

16. 吳國盛整理：〈自然時間 VS 人文時間〉，《誠品閱讀》，第 18 期，1994 年 10 月。

17. 蘇其康：〈宇宙視域的探尋：李白、梵樂希、里爾克〉，《中外文學》，第 23 卷，第 9 期，1995 年 2 月。

18. 陳去非：〈詩的意象論－系統化現代詩學理論之嘗試性建構第四章〉，《臺灣詩學季刊》，第 22 期，1998 年 3 月。

19. 何冠驥：〈中英詩中的時間觀念〉，《詩學季刊》，第 25 期，1998 年 12 月。

20. 區仲桃：〈論羅門建構的永恒空間〉，《藍星詩學》，第 4 期，1999 年 12 月。

21. 曾方榮：〈論羅門詩歌意象的審美特徵〉，《乾坤詩刊》，第 16 期，2000 年 10 月。